「発想」の極意

人生80年の総括

日下公人
Kusaka Kimindo

徳間書店

人生80年の総括「発想」の極意……目次

第四章——いまこそ新々・文化産業論を！

第七章——グローバル化の波に洗われた地球を俯瞰する

構成――松崎之貞
装丁――常松靖史
本文デザイン
ＤＴＰ――沖浦康彦

プロローグ

考えるより感じなさい

「長い目」と「短い目」

ものごとを長い目で見る人がいます。反対に、短い目でしか見られない人もいる。新聞記者の大半は後者です。

いつもその場限りの解説記事を書き、それを書き上げると、他のメディアはどう書いているかが気になって、自分がいま書いたものが多数派の中に入っているかどうかと周りを見回します。そして、入っていれば一安心。

誰でも新聞社に入ったときは、読者をアッといわせるようなものを書きたいと張り切っていますが、先輩に原稿を手直しされたり、上司からうるさく言われたりしているうちに、いつしか最初から上司に気に入られる記事を書くようになってしまいます。日本語でいうならば「手なれたベテラン」、英語でいえば「シーズンド・プレスマン」（手なれた新聞記者）になります。

新聞や雑誌を意味する「ジャーナル」という言葉はそもそも「ヤヌス」という双面神《そうめんしん》に由来しているという説があります。顔が二つあるヤヌス神は「昨日」と「明日」の境界に立ち、その両方を見ているのです。もしその説にのっとるならば、ジャーナリズムとは本来、その場限りの報道をするのではなく、「昨日」と「明日」を見据えた発信をすべきです。ところが、いまの新聞記者たちはそうした「ジャーナル」の原義を忘れてしまったため、近視眼に陥っています。

学生時代、政治学の教授から「〝金魚鉢の法則〟というのを知っているか？」と訊かれたことがあります。「知りません。教えてください」と答えると、「鉢に入れられた金魚は右へ行ってガラスにぶつかり、左へ行ってまたぶつかる。そんなことをしているうちに、やがて金魚鉢の寸法を覚えて、もうぶつからなくなる。身をもって会得《えとく》したことだから、それはそれでいいのだが、もう少し大きい金魚鉢に入れても、金魚はやっぱり中心部ばかりクルクル回っているんだね。これは〝サラリーマンの法則〟と呼んでもいいんじゃないかな」と。そして、教授はニヤッと笑いました。

終身雇用に安住した記者にとって金魚鉢は自分が属する新聞社ですが、いまは若者たちの新聞離れが進んで、朝日も読売も毎日も……発行部数をどんどん落としています。二〇一七年度上期のＡＢＣ調査（新聞や雑誌の実売部数を調査する第三者機関のデータ）を見てみると——、

●読売新聞：約一九万部減の八八〇万部。
●朝日新聞：約三三万部減の六三〇万部。
●毎日新聞：約八万部減の三〇〇万部。

これではもう「新聞崩壊」と呼んでもさしつかえないでしょう。じっさい、日本の大新聞はステレオ・タイプの論ばかり書いているために、すっかり読者から飽きられ、見放されています。

一例を挙げれば、国連重視の「国際社会重視」論をいまだに唱え続けていますけれど、いまや国民のほうが目覚めていますから、もはやミスリードもできっこありません。「国際貢献」とか「国際社会の一員として……」といった言葉で始まる日本論はすべて日本が損する話だと、庶民のほうが気づいています。したがって、「国際社会重視」や「国際貢献」といった類いの言葉は間もなく死語になることでしょう。

安倍（晋三）首相の改憲提言で、またぞろ復活した朝日、毎日、東京各紙の「改憲は絶対に許さない！」という「念仏平和教」も同様です。そんな狂信は、プラトン学者の田中美知太郎先生によってとっくの昔に論破されています。田中先生はすでに昭和三十三年（一九五八年）の時点で、「今日の政治的関心㈡」と題するエッセイに、こうお書きになっています。

平和というものは、われわれが平和の歌を歌っていれば、それで守られるというようなものではない。いわゆる平和憲法だけで平和が保証されるなら、ついでに台風の襲来も、憲法で禁止しておいた方がよかったかも知れない。……

読者離れ、部数の激減、そして赤字ということになれば、当然、社内での住み心地は悪くなっていきます。それでも〝金魚鉢の法則〟に呪縛《じゅばく》された記者たちは、これまでどおりの記事を流し続けています。

こんなテイタラクの新聞ジャーナリズムは、スマートフォンやＡＩの普及に押され、お先真っ暗であることは明らかです。そうだとすれば、活力ある人間は将来を見切って新しい世界へ飛び込んで行こうとするはずです。たとえ給料が半分になっても仕事が面白いほうがいいと、自分の好きな道を切り拓いて行くことでしょう。

実例はたくさんあります。

創造の世界に遊ぶには「直観力」が必要だ

昨年（二〇一七年）、引退された将棋の加藤一二三《かとうひふみ》九段は色紙を求められると、よく「直感精読」とお書きになります。まず、ひらめく一手がある。その後で、それが正しい着手かどうか、しらみつぶしに検証していく……。そういう意味だろうと想像します。

将棋に限らず、何事であれ、理屈つまり「ロジカル・シンキング」だけでは勝てないし、上達もしないという教訓です。

やはり昨年、永世七冠を達成し、先ごろ国民栄誉賞を受賞された羽生善治《はぶよしはる》さんも終局の二十手ぐらい前で最終局面が見え感じられるとおっしゃっているのをどこかで読んだ記憶があります。「相手の王将が逃げて逃げて８六あたりで詰むような気がしました。そこで、８六へ、８六へと押していったら、本当にそうなりました。そういうことはよくあります」と、確かそんなコメントでした。

素人将棋から見ると、終局の二十手も前に予感を得るというのは神業《かみわざ》に思えますが、人間の脳には論理を超えた、そうした能力があります。それを「直観力」ないし「ひらめき」と呼んで大事にしましょう。

欧米人は、論理が明快であることが頭がいいことだと信じているようですが、本当は曖昧なことを理解できるほうが頭がいいのではないかと考えています。言い換えるなら、直観力が半分入っていなければ創造の世界には遊べないということです。

電電公社の電気通信研究所調査役を経て「創造工学研究所」を設立された故・中山正和さんとお付き合いがありました。ご自分の名前のイニシャルを取って「NM法」というアイデア創出法を開発された方です。簡単に説明すれば——嘴《くちばし》の突き出たカモノハシから新幹線の形状を思いついたり、製麺機からシュレッダーがつくられたり、蝶々の羽根が扇風機の羽根のヒントになったり……と、発明にはずいぶん類比思考が使われています。

中山さんは、そうしたアイデアは眠っている間に生まれることが多いと指摘しています。言われてみれば、夜中に何かがパッとひらめいて、それを書き止めておいたという経験は誰にもあるのではないでしょうか。寝ている間も脳は働いているから、何かがパッとひらめくのです。

中山さんはそんな現象を科学的に説明しています。人間の脳の前のほうには思考を司る前頭葉《ぜんとうよう》がありますが、そのもっと根幹のところには愛情をもって何事もきちんと調和させせる動物的な回路があるというのです。その回路の働きに任せてぐっすり眠っていると、いろいろ雑多な情報が全部整理される。「NM法」はそうした脳の仕組みを応用しています。そこには「熟睡」というプロセスがあって、熟睡の中でひらめきを待つのです。

熟睡しても何もひらめかないのは、眠る前にきちんと〝材料〟を仕入れていないからだといいます。だから、寝る前に〝材料〟を集め、それを積み上げ、ウンウンと悩みながら考えて深い眠りに落ちる。そうすると、脳の中で海馬《かいば》の電圧が上がって、一瞬にしてパッと放電する。それがひらめきだと、中山さんは指摘しています。

そこで私も毎晩、ひらめきが訪れるのを待つことにしています……?。

「おどるポンポコリン」の「考えるより感じろ」というメッセージ

「直観力」あるいは「ひらめき」で思い出すのは、一九九〇年から放送が始まったテレビ・アニメ「ちびまる子ちゃん」の第一期の初代エンディング・テーマソング「おどるポンポコリン」（作詞・さくらももこ）です。大いにヒットした歌ですから、ご存じの方も多いと思います。

あの曲が流行《はや》ったころ、私は大沼淳《おおぬますなお》さん（文化学園理事長）や中村秀一郎《なかむらひでいちろう》さん（二代目・多摩大学学長）らと東京・向島の料亭へ行ったとき、芸者さんたちに「ポンポコリンの歌をやろう」と提案しました。すると、彼女たちは大喜び。一斉に歌い出し、ノリノリで踊り始めました。

〽なんでもかんでも　みんな
おどりをおどっているよ
おなべの中から　ボワッと
インチキおじさん　登場
いつだって　わすれない
エジソンは　えらい人
そんなの　常識　タッタタラリラ
ピーヒャラ　ピーヒャラ……

いま考えてみると、日本経済のバブルが弾けたのはそのころです。一九九一年あたりからでした。地価の下落も九一年から始まっています。ただし、景気が明らかにおかしくなったのを実感するようになったのは、その二年後の九三年の初めぐらいからでした。こうしたタイムラグが発生するのは、不動産が転がらなくなったからといって、ただちに企業や銀行の破綻が続くわけではないからです。銀行からお金を借りづらくなっても、当時はまだ〝農協マネー〟をバックにした「住専」（住宅金融専門会社）などから資金を調達することができました。バブル崩壊と不況との間には、往々にしてズレができるものなのです。

北海道拓殖銀行（拓銀）、かつて私が勤めていた日本長期信用銀行（長銀）、日本債券信用銀行（日債銀）、山一證券、三洋証券などの大手金融機関がバタバタ潰れたのは「アジア通貨危機」とも重なった九七年から九八年にかけてのことですから、バブル崩壊から五年以上も後のことでした。

しかし、漫画家さくらももこさんは早くも九〇年あたりの時点で不況の到来を予感していたのではないでしょうか？　それは「おなべの中から　ボワッと　インチキおじさん　登場」という歌詞からも見て取れます。芸者さんたちは芸者さんたちで、日々接する客の中に「インチキおじさん」が増えていることを感じていたに違いありません。そうだとすれば、彼女たちの「女の直観」には、もう脱帽！　です。あの歌は「〽ピーヒャラ　ピお腹がへったよ」と、不況を暗示するような歌詞で終わっています。
「おどるポンポコリン」という歌は、「考えるより感じろ！」というメッセージを発しているように思えます。先の言葉を繰り返せば、理屈つまりロジカル・シンキングだけでは行き詰まってしまう。発想の飛躍、つまり、ひらめきがなくてはいけない、と示唆《しさ》しているように感じます。

踊りの輪に加わらず、一人で考え込むようになってしまったら「考えるヘンテコリン」になってしまいます。そうなったら、「おどるポンポコリン」はもう台無しです。ですから、向島の芸者さんたちが「おどるポンポコリン」を歌い、踊ったとき、私たちも一緒になって歌い、踊りました。

そのとき、大沼淳さんは文化服装学院を経営する文化学園の理事長、中村秀一郎さんは多摩大学の経営情報学部長、私は多摩大学教授でした。肩書きからするといかめしく、いかにも堅物そうに見えますが、三人とも「考えるより感じろ」というポリシーの持ち主でした。複雑で重層的な近代世界においてはロジカル・シンキングだけではなかなか答えに到達できないことを知っていたからです。それだけに考え方や感じ方は、みな、フレキシブルでした。服装にしても、格式ばったものは誰も着ていないし、向島の芸者さんたちが「〽ピーヒャラ　ピーヒャラ……」と歌い踊りはじめれば、面白がってそれに唱和しました。

私はそんな大沼さんたちにシンパシーを感じていました。大沼さんたちもまた、私をそういう目で見てくれていたに違いありません。同類だということはお互いに分かるものなのです。

では、私がどうしてそういう人間になったのか、言い換えれば――日下公人はいかにしてでき上がったか、ということを語っていきましょう。

併《あわ》せて、大沼さんや中村さんたちの人となりもご紹介しながら、「直観力」あるいは「ひらめき」の重要性をお話ししたいと思います。

第一章

私の発想を育んだ「瀬戸内文化圏」

「瀬戸内文化圏」はバラエティーに富んでいる

私の父は公務員（裁判所の判事）だったため、やたらに転勤していました。そのため、「お生まれはどちらです？」とか、「どこでお育ちになられたんですか？」と訊かれると、たちまちシドロモドロになってしまいます。一応は「兵庫県生まれ」と公表していますが、自分のふるさとぐらい自分で決めようと思い、いまは「瀬戸内文化圏《せとうちぶんかけん》の生まれです」と答えることにしています。

「瀬戸内文化圏」というのは私の造語ですが、それはエーゲ海と似ています。地域的には瀬戸内海を取り巻く関西・四国・中国地方の各県を指します。前著『日本人への遺言・最終章〜「反核」愚問』（李白社刊）では、その特徴について――㈠人間通で、㈡しぶとさがあり、㈢したたかに生きる知恵を持っている、と要約しておきました。

それは全般的な傾向ですから、「瀬戸内文化圏」の内部に入れば、いろいろな差異や葛藤が出てきます。

かつて政府審議会を十も二十も掛け持ちしていたとき、岡山県知事から「岡山県の『二十か年計画』をつくりたいので、そのメンバーに入って欲しい」と持ちかけられたことがありました。雑談の最中、私が「小学校時代は香川県ですごしました」と言ったとたん、県知事以下、出席していた人たち全員から、軽んじるような目をされたことがあります。なぜそんな目で私を見るのか、そのときは分かりませんでしたが、後で知ったところでは、岡山県にとって香川県はいわば〝女中供給県〟だったそうです。いまはどうか知りませんが、当時の岡山県人には「四国から瀬戸内海を渡ってくる人たちはみな下層階級である」という意識があったらしいのです。それを知ったときは、正直いって「へえ〜」という驚きに襲われたものです。

香川県の北端に坂出《さかいで》市があります。岡山県倉敷市と四国を結ぶ瀬戸大橋の四国側の玄関口になっている町です。神戸市や岡山県内の新聞社は「坂出に印刷工場を建て、そこで新聞を印刷してこちらに配達すれば安上がりだ」というプランが持ち上がりました。すると、岡山県の人たちが「われわれにもプライドがある。四国で印刷した新聞なんか配ったり読んだりできません」と怒ったというのです。この話を耳にしたときもまた、「へえ〜」と思いました。そんなに島（四国）を見下しているのかと知って、驚いたのです。

四国にはたくさんの岬があります。ところが、岬を一つまわると、もう言葉や文化が異なることがあります。「瀬戸の花嫁」という歌にもそんな気持ちが流れています。「向こうの岬の人とは結婚しない」など通婚圏まで異なっているようです。ですから、「四国です」「香川県です」と言われても、「香川県のどこですか?」と尋ねて詳しい地区を聞くまでは安心できないと言う人もいます。

同じ四国の人でも、遠い祖先がどこから四国にやって来たかによって文化や習俗が異なるため、そうした現象が見られるのです。後から四国に移住して来た人は、やはり自分と近しい人たちがすでに移り住んでいる土地に向かいます。そのように同郷の人たちがみんなで固まって暮らすから、たとえ住む場所は隣り合っていても、神社も違うし文化も違う、お祭りも違うし風習も違うということが起こるのです。四国の四面性という人もいますが、そのため、「結婚など、とんでもない」ということになる。

これを逆からいえば、四国はじつに多彩である、文化や習俗に多様性があるということです。こうしたバラエティーの豊かさも「瀬戸内文化圏」の特徴の一つに加えるべきでしょう。

岡山県人は日本のユダヤ人か?

その「瀬戸内文化圏」の中でも異彩を放っているのが岡山県、とりわけ岡山市とその周辺の旧・備前《びぜん》地方です。

作家の司馬遼太郎さんも『歴史を紀行する』(文春文庫)というエッセイの中で次のように書いています。

たしか昭和二十年代のおわりごろだったか、地下鉄の車中で雑誌をよんでいたら、「岡山県人は日本のユダヤ人である」という意味のことをある評論家がかいていた。(日本にもそれほどすばらしい地域人がいるのか)とおどろき、よほどおどろきが強烈だった証拠に、そのときの車内の暑さや通過しつつある駅名までまざまざとおぼえている。

ここに出てくる「ある評論家」とは、「一億総白痴化」や「駅弁大学」「恐妻」といった造語で知られた大宅壮一氏です。なぜ、「岡山県人は日本のユダヤ人である」と見られたのかというと、利口で抜け目のないところがあるから「油断ならない」とされていたようです。

司馬さんは同じエッセイで、さらにこう記しています。

岡山県といえば日本でも有数の頭脳県とされている。ここから輩出した秀才官僚、軍人、学者はあげてかぞえるにたえず、いまでこそ日本中が教育ママのるつぼになったが、この県はそういう点での先駆県であり、明治以後、女学校の数が人口密度に比して全国でもっとも多く、それと相まって上級学校への受験組の歴史の古さからいっても、他県はとうてい岡山県におよばない。

その岡山県内における学歴評価は、岡山大学大学院＞東京大学≒岡山大学となる、といわれています。したがって、岡山県出身で「岡山大学大学院卒」というキャリアの人はきわめてプライドが高い、と聞いたことがあります。

しかも、これは岡山県の単なるお国自慢ではないのです。

明治時代の中期、文部省（現・文部科学省）に「関西地方にも〝第二帝国大学〟をつくって欲しい」という要請が出ました。そのとき「大学の敷地も寄付しますから」と、最初に名乗りを上げたのが岡山、その次が京都でした。岡山と京都、この二県が〝第二帝国大学〟の争奪戦でしのぎを削ったのです。初めは岡山のほうが有力だったようですが、結局は明治三十年、旧制三高を母体にして京都に二番目の帝国大学が創立されたのはご存じのとおりです。発足直後の京都帝大は教授不足でしたから、夏休みになると東京帝大の教授たちが大挙して京都へ赴《おもむ》き、集中講義を行ったと伝えられています。

ついでに申し上げておけば、当時の学校（専門学校）がどのように学生たちにインセンティブを与えていたかというと、早稲田は東京帝大の図書館に負けないように図書館を充実させ、「後はきみたちが自分で読んで大いに学べ」と発破《はっぱ》をかけ、慶應義塾は毎年一人ずつ海外留学をさせられるだけのカネを集め、帰国したら二十七、八歳ですぐ教授にしたそうです。

ところで、岡山大学の卒業生で初めて官僚のトップである事務次官になったのは、田中角栄氏が通産大臣時代に秘書官を務めた小長啓一《こながけいいち》さんです。私は何度かお目にかかったことがありますが、確かに「岡山大学の出身者には天才がいるナ」と感じさせる人でした。

小長さんのような天才肌の人はわざわざ東大などには行きません。「岡山県生まれだから」といって、そのまま岡山大学へ進学する。東大でも京大でもどこへでも入れるのに、あえて地元・岡山の大学に入って「有為《ゆうい》な人材になってみせるぞ」と意を固める。そういう気概が岡山県人には見られます。

小長さんは昨年（二〇一七年）の暮れ、産経新聞でこう語っていました。

昭和24年、学制改革で新制大学が発足するにあたり、私が通っていた旧制第六高校（岡山市）の同級生の多くは東京大などに進みました。私は地元に残り、新設された岡山大に入りましたが、就職活動は困った。1期生ですから大学の先輩がいないし、コネもない。自分の力で道を開けるのは国家公務員試験と司法試験しかないと思って猛勉強し、幸い両方合格できたんです。

当時は高度経済成長前夜でした。「先の戦争は、日本が石油を押さえられて軍部が突っ走ったために起きた。今後、資源のない日本が世界で生き残っていくためには貿易立国しかない」と思い、通産省の門をたたきました。……（十二月五日付）

就職するに際しても、まず天下国家のことを考えるわけですから、いかにも岡山県人らしいではありませんか。

アイデアで時代の先を行く岡山県

岡山県の人は「日本の中心は東京ではない。岡山だ」と思っています。それほどの自負心がありますから、発想も自由で、なかなかユニークです。

私がいま入っている老人施設「グランダ」を経営している「ベネッセ・ホールディングス」の本社も岡山市にあります。

ベネッセのルーツは中学校向けの生徒手帳などを発行していた「福武書店」にあります。その後、「進研ゼミ」という添削塾も始めましたが、日本社会の少子高齢化で子供の数が減ってきて添削塾だけではやっていけないと見て取るや、いち早く介護の分野に進出したのです。学習塾へ来る子供の数は減るけれど、今度はじいさん・ばあさんの数が増えると見抜いたわけです。

このように、世の動向を先まで読んで早め早めに対応する抜け目なさ、はしっこさが岡山県人には見られます。何事も、他人《ひと》の成功を見て、後から感心しているようではダメなのです。

私の入っているこの施設では現金が必要ありません。施設内でパンやコーヒーを買おうとすると、「サインだけいただければ、後でまとめて請求いたしますから」と、当座は「グランダ」がすべてを代行してくれます。そうすれば、日々、現金を管理するスタッフは要らないし、「部屋を留守にしている間にお金を盗まれた」といったようなトラブルも起きません。このように、ベネッセが老人施設を全国に三百か所以上建て、その施設を横断してキャッシュレス・システムをつくり上げてしまったのも一種のアイデア商法といっていいでしょう。

建物それ自体はなるべくカネをかけずに建てられているように見受けられます。それでも中は清潔だし、快適に住める。ということは、誰か賢い人が一所懸命に設計しているに相違ありません。

要するに、ベネッセは日本に「シルバー時代」が到来したことをいち早くキャッチし、うまく対応したのです。二〇〇〇年に介護保険制度がスタートして、介護の予算ができたのを見逃さなかった。「介護」や「シルバー産業」というのは、現時点で「十一兆円」といわれる新たなマーケットなのです。ベネッセはそこに目をつけた。そのおかげで、私たちも安い費用でいれてもらえます。

岡山市にあるベネッセの「ロジスティクスセンター」の建物の中には「岡山中央郵便局長船《おさふね》分室」が入っています。日本で初めて民間企業の物流センターと郵便局を融合したユニークな施設として、広く知られています。センター内には郵便局が所有する大規模な自動仕分け機が据えられていて、同じ建物の中でベネッセの社員が封入した教材がコンベヤで絶え間なく仕分け機に送り込まれている。だから、ベネッセの社員はわざわざ郵便局へ出向く必要がありません。しかも、この物流センターは外部の利用者に対しても郵便の窓口業務を提供していますから、近所の人たちにも非常に喜ばれていると聞きました。

これも自由な発想、アイデアの勝利と呼ぶべきです。

＊

岡山市に本拠を構える「天満屋《てんまや》」も異色のデパートです。すぐ隣りの「天満屋バスステーション」は昭和二十四年、全国で初めてのデパート接続型バスターミナルとして開設されています。岡山市内で初めてエレベーターを設置したのも天満屋で、いまでもエレベーター・ガールのいる数少ない地方デパートとして知られています。また、全国のデパートのクレジットカードは提携する信販会社などが発行するケースがほとんどですが、天満屋の場合は子会社の「天満屋カードサービス」がカードを発行しています。独立独歩の精神に充ちた企業です。

＊

さらに最近の話題に及べば、学校法人・加計《かけ》学園が運営する岡山理科大学に獣医学部の新設が認められましたが、岡山の人たちは「岡山理科大は東大、京大に勝つ」と信じているようです。

じっさい、岡山理科大は発明が非常に盛んな大学です。

一例を挙げれば「海と川の魚が一緒に泳げる魔法の水」を発明しています。海水魚のアジと淡水魚の金魚が同じ水槽で泳いでいたら、これはちょっとした驚きですが、そんな「好適環境水」は海水魚にとって必要最低限の成分を含みながら、淡水魚も生きていけるという〝魔法の水〟です。この人工飼育水を使えば、海水の調達が困難な山の中や砂漠でも魚介類を養殖できます。また、野菜類を水耕栽培することもできる。これから心配されている食糧危機の時代に対する明るい発明といえるでしょう。

ちなみに、その「好適環境水」を入れた水槽はJR岡山駅の一階に展示されています。

いま青森県の六ケ所村にある「日本原燃」の再処理工場にはプルトニウムが四十六・九トンも保管されていて、その捨て場所に困っているのは周知のとおりです。地下一千メートルぐらいまで掘り進めて、そこに埋めれば、もう怖くも何ともないわけですが、そうするとものすごい高熱が噴き出します。それをどう処理するか？

岡山理科大の関係者に「噴出する高熱を利用して地上でタービンを回したらどうでしょ

う？　発電に利用した後の熱湯は温泉として使うのです。『岡山・新温泉』とでも銘打ったら一石二鳥じゃないですか」と話したことがあります。すると、「われわれはもうすでにその検討を始めています」と言われてしまいました。

岡山の人にはそうしたはしっこいところがあるのです。

じつにユニークだった母の教え

先にも述べたように、私は小学生時代を香川県高松ですごしました。

私の母はじつに変わっていました。子供心にも「お母さんと同じような人はいない」と思うほどでした。

母は、東京女子高等師範学校（お茶の水女子大学の前身）と並ぶ奈良女子高等師範学校（奈良女子大学の前身）でトップの成績だったと言われていましたが、後の教育ママのように「勉強、勉強」と言うことはこれっぽっちもありませんでした。それどころか、小学生のときから「学校でノートを取る必要はありません」と言っていました。「ノートを取っていると、ノートばかり賢くなって、おまえが抜け殻になってしまう……」というのがその理由でした。ノートには何やらポイントになることを二つか三つ書いておけばいい、何も書かなくてもいいというのです。――「学校の授業で、先生の言うことをみんな覚えるなんてムリだから、テストで七十点取れる程度に覚えておけばいいの。七十点以上は必要ありません。七十点取れれば上の学校はどこでも受かりますから」と。

そう言われましたので、「あ、そんなものかね」と思って、教室ではノートを取らない子供になってしまいました。また、学校のテストは七十点でいいというのですから、時間はものすごく余りました。七十点以上の点数を取ろう、満点を取ろうとすると時間がかかりますが、七十点でＯＫとなれば、時間は余ります。余った時間は「好きに遊びなさい」です。

思い出してみれば、昔の小学校にはそういう先生がたくさんいました。テスト用紙をみんなに配って、「書き終わったら校庭で遊んでいいぞ」と言ったものです。

ただし、遊《あそ》び惚《ほう》けていただけではありません。香川県というのは瀬戸内海に面し、沖合に島がポツポツあります。そんな島の一つから高松市へ来て、下宿して高松中学へ通っている子がいました。

明治時代は「一県一中学」でしたから、香川県では高松中学がナンバーワンです。そこで、その子も高松中学を出て一旗上げようとしていたのでしょう。

高松で下宿していたその子は、土曜日になると島の自分の家に帰ります。そこで、私は「中学校ではどんな勉強をするんだろう?」という興味に駆られ、彼の留守中、教科書を借りて読んでいましたので、小学校時代に中学の教科書はほぼ理解していました。

そのせいか、六年生になる少し前、校長先生から「明日の日曜日、家に遊びに来い」と言われました。何だろう? と思いながらもお訪ねすると、「きみは中学校へ一年早く入る気はないか?」と訊かれました。いまから猛勉強して一年早く高松中学を受験しないかという誘いでした。私は即座に断わりました。なぜなら――高松市の小学校では、途中からの転校生だったため、当初はだいぶイジメられたからです。そのイジメをやっと切り抜けたところで、仲間たちより一年早く中学へ進んだら……またイジメられる。それが目に見えていましたので、「いいえ、〝飛び級〟する気はありません」と即答したのです。

その後、社会に出ると、「おれは〝飛び級〟で一年早く中学校へ入ったんだ」と自慢する人に何人か出会いましたが、そんなときは「そうですか。それは偉かったですね」と相槌《あいづち》を打つだけにしておきました。長い人生にあって一年早いか遅いかなど、何の意味もないと思うからです。

「自由」に充ちていた自由学園

中学校は高松中学ではなく、東京の自由学園男子部（中学校＋高等学校）へ進みました。私が入学したのは戦争中の昭和十八年（一九四三年）です。当時、裁判官の父は外地（現在のマレーシア）に行っていましたので、女手一つで子供を三人も食わせるわけにはいかない。そこで、言い方は悪いけれど、母は親戚の家にわれわれ子供たちを配って歩いたのです。自由学園は全寮制でしたから、そこにも一人。それが私ですが、これは面白い経験になりました。

自由学園というのは「プロテスタント精神に基づいた理想教育を実践する」という方針のもと、女性思想家の羽仁《はに》もと子と羽仁吉一《よしかず》夫妻が設立した学校です。校名は新約聖書の「ヨハネ福音書」の「真理はあなたたちを自由にする」から取られています。男子部の校訓は「思想、技術、信仰」（Thought・Technique・Faith）でした。

入学当時の自由学園には〝学習院崩れ〟の生徒が何人かいました。そこで、日本の上流階級の雰囲気をちょっと味わうことができました。そして、なにしろ「自由学園」ですから、生徒たちは「正邪善悪はみずから判断して決めよ」と教え込まれました。勉強を無理強いされることもありません。文部省から許認可をもらわず、「各種学校の塾で結構」と公言していた学校ですから、じつにすがすがしい空気に充ちていました。

もちろん、受験勉強など教えません。「それがイヤなら普通の学校へ行きなさい。普通の学校は山ほどあります。自由学園はここ一つしかありません」という学校でしたから、いよいよ大学受験となったとき、生徒たちはアッと驚いたものです。受験勉強をしていないため、どこの大学にも入れそうになかったからです。

それなのに、自由学園男子部に入るとき、母からこう言われました。――「お父さんはおまえに『東京大学へ行け』とおっしゃっています。おまえがお父さんの言いつけに従うつもりなら、専門学校卒の検定試験を受けて東大を受験しなさい」と。

後述するように、別に東大を受験したかったわけではありませんが、「じゃあ専検を受けて、それから東大を受験すればいいんだろう」と考えました。

東大を受けるときは、古本屋で過去の「入試問題集」を買って来て勉強しました。そのとき「日本は凄い国だなあ」と思ったのは、池袋の古本屋に行くと、旧制高校の「過去問」はもちろんのこと、海軍兵学校や、広島高等師範学校の昭和十二年の問題とか……そんな

「過去問」がズラリと揃《そろ》っていたからです。

そこで新制大学に切り替わったばかりの東大を受けたわけですが、見事に落ちてしまった。そりゃ落ちます、正式な受験勉強は何もしていなかったのですから。

一年間の浪人生活をすることになったので、今度は自由学園のような特殊な学校ではなく、普通の学校とはどういうものかと思って入学したのが、そのころ家の近所にあった灘高校（神戸市東灘区）でした。「灘高」といっても、当時は有名でも何でもない。ごく普通の高等学校でした。げんに、入学した翌年に東大を受験したのは私だけでした。

東大に合格すると、後輩たちが七、八人、東京までゾロゾロやって来ました。「先輩、どうすれば東大に受かりますか？」と聞きに来たのです。私は東大のキャンパスを案内しながら、先輩らしく自慢しなければいかんと思って、「おれが受験した年は、おれ一人が受けて通ったわけだから合格率は一〇〇％だ。これから灘校がいくらいい高校になったとしても、合格率一〇〇％という年はもうないだろうな」と言ったものでした。

軍政下マレーにおける「日下裁判所長」

先に母について触れましたので、父についても語っておきましょう。

裁判所の判事をしていた私の父は東京帝国大学の法学部卒です。旧制の帝国大学と、前に述べた二つの「女高師」以外はまったく大学と認めないような人でした。

私が東大に入学してから、私の部屋へやって来て本棚をチラッと見た父は「原書が一冊もないじゃないか」と呆《あき》れた顔をしました。私は「ないよ」と答えてすましていました。原書を読まなくても、翻訳書がたくさん出ていましたので、原書の必要性を感じなかったのです。「お父さんは古いんだよ」と言うと、それでも父は「原書を読まずして、どうして勉強したことになるのかね」とブツブツつぶやいていましたので、「もう新制大学だからね」と、ダメ押しをした覚えがあります。

じっさい、父の時代の東京帝大法学部の同級生は五十名ほどでした。それ以来、父は私には口出しはしませんでした。

私は「東大出」というだけで人を評価することはありません。私自身は、学費は安いし居心地もいいから東大生を続けましたが、「東大」というレッテルだけで人を評価するのは間違いだと思っています。

父は司法の世界では非常に真面目な人でしたが、それ以外はごく普通の人でした。

＊

父は親の借金を抱えていましたので、それを一括返済するために南方へ向かう軍属の募集に応じ、マレーへ行きました。志願して南方へ派遣されると、当時の額で四千円か五千円の支度金をもらえたからです。そうすれば親の借金を一気に返せると考えたようですが、その後インフレになったことを考えると、何もしなくても借金は減りました。

当時のマレーには六つほどの州があって、宗主国《そうしゅこく》のイギリスがつくった裁判所も六つありました。日本軍は緒戦《しょせん》の「マレー作戦」（昭和十七年一月）でシンガポールまで制圧しましたので、六つの裁判所をそっくりそのまま接収しました。父はそのうちの一つの裁判所に所長として送り込まれたのです。

赴任してみると、現地人が判事をしていました。ロンドンに留学して、イギリスの司法試験に合格したインド人やマレー人たちです。イギリスの法曹資格を持った人たちは現地ではエリート中のエリートです。そこへ父が行って、トップ（所長）だけ交代したわけですが、現地の判事たちは父の経歴を調べて、「この日本人（父のことです）は、これまで一度も日本から外に出たことがないようだ。この日本人は法律を分かっているのだろうか？」と、最初はちょっとバカにしていたそうです。

父が赴任して間もなく軍政に移行します。

軍政は軍人が直接行うものではありません。占領当初は軍人が入って治安の回復を図りますが、治安が回復されれば、軍属の民間人が派遣されます。軍属は、軍人でも民間人でもない中間的な存在で、現地の資源開発も産業振興も担当します。それから、行政や裁判も担当しました。父は裁判担当の軍属としてマレーに派遣されたわけです。

すると、中国のゲリラが来た。彼らはシンガポールから北上したり、タイのバンコクからマレー半島に南下したりしてやって来た。そして、ジャングルを歩き回り、住民たちを煽動《せんどう》する。それに対して日本軍はゲリラ討伐に乗り出した。そのとき、現地の人たちを百人も二百人も十把一絡げに連行して来たそうです。そして「彼らは全員、抗日ゲリラと通じている。即刻死刑にして欲しい」と要求した。そこで、父は以下のようなやりとりをしたといいます。

日下　中国人のゲリラは村へどれくらいの頻度で姿を現わすのか?

現地人　一週間に一回か二回。場所によっては毎日やって来る。

日下　では、わが日本の守備隊はどれくらいの頻度で村を見回っているのか?

現地人　ひと月に一回ぐらいである。

ひと月に一回ぐらい見回ったのでは、現地人がゲリラと通じているかどうか摑めるはずがありません。それにもかかわらず、守備隊は「中国人ゲリラと通じている」といって現地の人たちを百人も二百人も連行して来たのです。住民たちも「ムチャクチャですよ」と、憤《いきどお》っていたそうです。そこで父は、判決を書くとき、ローマの法諺《ほうげん》を使ったそうです。

法諺というのは文字どおり法律に関する諺《ことわざ》です。そうした言葉がラテン語にはたくさんあります。旧制の帝国大学法学部はそうした法諺も教えましたから、父も初めて外国で判決文を書くとき、ローマの法諺を使ったというわけです。いわく――「保護なきところに忠誠を求むる謂《いわ》れなし」と。

住民を保護していない場合、それら住民に「忠誠」を求めることはできない、という意味です。ひと月に一回ぐらいしか見回りに行かない村の住民に忠誠心を要求するいわれはない。「よって、全員無罪」という判決を言い渡し、拘束されていた現地の人たちはただちに釈放されたといいます。

当然、陸軍の隊長はカンカンになって怒り、怒鳴り込んで来たそうです。それに対して、父は「もう軍政に移行したのだから判決を下すのは私です」と言い返した。すると、今度はシンガポールから参謀が飛んで来た。私の父は理屈っぽい男で、だから出世できなかったのですが、その参謀に対しては、「われわれは内地では天皇陛下の名によって判決を書いてきた。ここでは南方軍の寺内寿一《てらうちひさいち》総司令官の名で判決を書きます。しかしながら、その寺内総司令官も陛下のもとにあるわけですから、いいかげんな判決を書くわけにはいきません。そんなことをしたら陛下にご迷惑をおかけすることになります」と言い返して、がんばったそうです。

父がそんな判決を下した後、日本は敗戦になります。

イギリスがマレー半島に戻って来ると、日本人の裁判所長六人のうち五人を死刑に処し、助かったのは私の父一人だけでした。その出来事はシンガポールの新聞にも載り、私もその切り抜きを読みましたが、そこにはこんなことが書かれていました。――「日下判事の判決には日本人であるがゆえの特殊性がなかった。イギリス人の判事が書いても同じ判決になったであろう。したがって日下判事は無罪」と。

＊

私が一連の話を聞いたのは戦後になってからですが、そのときは「おれのおやじも偉いところがあるな」と思いました。

それからしばらくして、南方占領の軍政要綱に関する本を神田の古本屋で手に入れました。それを読んでみると、「軍政は暫定的なものとする」と昭和十六年春の御前会議で決定されていました。軍政の根本精神は「独立支援」にあるようでした。父は「そう書いてあったから、そうしたまでだ」と私に話しました。日本はなかなかの文明国でした。

この話には後日談があります。

戦後しばらくしてから、父の下で働いていたマレー人の判事が来日しました。そのとき彼は、「日下判事には感銘を受けました。もうお亡くなりになったと聞きましたが、奥さまがいらっしゃるというので、お目にかかりたいと思い、やって来ました」と言って、私の母を訪ねて来てくれたのです。その人はマレーシアで独立運動が起こったとき、「判事のままではダメだ」と考え、政治家に転身したそうです。そして、上院議長にまで上り詰めたのです。

母と妹によれば、マレーにおける父の話をたっぷり語った中で、父が死刑を免れたのは父の下にいた現地の判事たちが大いに父を弁護してくれたからだ、という話が出ました。

また、その人は、マハティール首相に「ルック・イースト」（日本に学べ）と教えたのは自分で、それは日下判事に学んだものだと母に言ったそうです。それからもう一つ、〝現地妻はいませんでした〟と教えてくれたそうです。母は〝あの人らしい〟と言っていましたが、すこし嬉しそうでした。

第二章
東大は「直観力」にフタをする

私は東大を評価しない

前章でも少し触れましたが、私は東京大学そのものをあまり評価していません。先端的な研究を進める人の強みはブランドにあるのではなく直感力にある、と考えているからです。

直観力はどれだけ勉強すれば身につくというようなものではありません。田舎に生まれ育った子で、特別に勉強などしないでも、自然の中を走り回っているうちに直感力が磨かれるというケースもあります。「タッタタラリラ　ピーヒャラ　ピーヒャラ……」と歌い、踊りまくっていた向島の芸者さんたちが、来《きた》るべき不況の足音を敏感に察知していたように、直観力というのは、ピン！　とくるものなのです。

アタマの古い大学教授は「近ごろの学生たちの学力低下には目を覆いたくなる。私が順を追って論理的に教えているのに、ついてこられない学生がとても多い」といって嘆きますが、冗談じゃない。ロジックだけでは世間に通用する研究開発はできないのです。

開発済みの理屈や論理でものを考え、「○」と「×」ばかりで点数を付けていると、創造性が失われ、点数稼ぎの秀才しか育ちません。ロジカル・シンキングを売り物にしている大学からは独創的なアイデアはなかなか生まれないと言い換えてもいいでしょう。

論より証拠、ここ十年ばかりのノーベル賞受賞者を見てみましょう。とても「東大＝超一流校」といえないことは一目瞭然です。

【二〇〇八年】
●物理学賞：小林誠＝名古屋大学理学部卒。
●同：益川敏英＝名古屋大学理学部卒。
●化学賞：下村脩《しもむらおさむ》＝旧制長崎医科大学附属薬学専門部卒。

【二〇一〇年】
●化学賞：根岸英一＝東京大学工学部卒。
●同：鈴木章＝北海道大学理学部卒。

【二〇一二年】
●生理学・医学賞：山中伸弥＝神戸大学医学部卒。

【二〇一四年】
●物理学賞：赤崎勇＝京都大学理学部卒。

●同：天野浩＝名古屋大学工学部卒。

【二〇一五年】

●物理学賞：梶田隆章＝埼玉大学理学部卒。

●生理学・医学賞：大村智《おおむらさとし》＝山梨大学学芸学部卒。

【二〇一六年】

●生理学・医学賞：大隅良典《おおすみよしのり》＝東京大学教養学部卒。

二〇〇八年以降、受賞者は十一人を数えますが、「東京大学卒」は根岸英一さんと大隅良典さんのわずかに二人だけ。ご覧のように、名古屋大学とか北海道大学、神戸大学、埼玉大学……といった地方大学が多くの受賞者を輩出しています。中には下村脩さんのように旧制長崎医科大学附属薬学専門部卒という方もいらっしゃいます。

独創性や創造性を養うのは大学のブランドではありません。発明や発見に必要とされるのは発想力であり、直観力であり、ひらめきなのです。

＊

ギリシャ人は自分の考えを相手に伝えるには二通りの方法があると指摘しました。一つは論理であり、もう一つは譬《たと》え話《ばなし》です。前者は「アナリシス」、後者は「アナロジー」と呼ばれます。

「アナリシス」、つまり理屈ばかりで考えていると、ひらめきやアイデアが育たず、直観力や洞察力も低下してしまいます。

それに対して、「アナロジー」すなわち譬え話を使っていくと、説得力がぐんとアップします。その好例は、日米経済摩擦がギシギシと音を立て、アメリカから「日本市場は閉鎖的だからドアを開けよ」と言われたときの経済担当公使・國廣道彦《くにひろみちひこ》さんの返答です。國廣さんはこう言いました。――「日本のドアはスライディング・ドアだから、正面から押しても開きません。丁寧に、礼儀正しく、横に滑らせれば開きますよ」と。まさにアナロジーの見本のようなケースです。私は大いに感心させられたため、このエピソードをいまでも覚えています。

プロローグで触れた中山正和さんの「NM法」も類比思考が基盤になっていますから、これもアナロジーの一種です。いま、缶ビールのフタは指に引っかけて引っ張れば開くようになっていますが、あれも「NM法」によって開発されたものでした。その開発プロセスを簡単に記すと――、

㈠　缶のフタをパックリ開けるにはどうすればよいか？

㈡　自然界でパックリ開くものはないか？
㈢　ハマグリは貝柱で閉まっているが、緩むと開く。火山はマグマが溜まると爆発して開く。……
㈣　問題を解決するために、ハマグリや火山の爆発を参考にしたらどうか？　缶のフタにあらかじめ薄い切れ目を入れておき、必要なときに力を加えればパックリ開くであろうと考え、あのフタが開発されたと聞きました。

科学はアナリシス（分析）を重視します。しかし逆に、アナリシス万能主義はわれわれのひらめきにフタをしてしまう惧《おそ》れがある。人間にはアナリシスよりもっと秀れたアナロジー（類比）のパワーがあるから、一瞬にして結論に到達することも起こり得るのです。そのアナロジーの力こそ、人間が生まれながらにもっている直観力です。

ヨーロッパ人は、迷信や魔女狩りが横行した「中世」に抗して「近代」をスタートさせるために、近代科学（サイエンス）を生み出しました。そして、アナリシスを重視するヨーロッパ製の科学は印刷機や天体望遠鏡、蒸気機関、電気、電信……等々をつくり出し、見事に開花したのです。そこで二十世紀は「科学信仰の時代」になりましたが、二十一世紀に入った現在はその限界が見えつつあります。芸術や文化、あるいは消費といった人間の営みのすべてを科学で解明することはできないと明らかになったからです。それらを理解するにはやはり、直観力を覆っていたフタを開け放ち、ポエジーの翼を羽ばたかせなければなりません。

繰り返せば、東京大学の講義にはそうした直観力を養うような要素が欠けているといわざるをえないのです。

東大教養学部時代の論文二篇の思い出

当時はまず、全員が教養学部に入りました。

卒業論文の提出は必須ではなく、学生の自由に任されていましたが、私は入ったときと、終えるときと、一篇ずつ書きました。

A教授は私の論文をとても高く評価してくれました。「キミが経済学部に進めるよう、私が力を尽くしてあげましょう」と言ってくれました。「ありがとうございます」と言いながら、論文のどこを評価してくれたのかと考えましたが、要するに、闇市の実例が面白かったのだと思います。

いまの若い人は知らないと思いますが、敗戦直後の日本は復員してきた人たちや外地からの引揚げ者などで都市人口が急増しました。しかし輸入は途絶えたままでしたから、政府の統制物資は底を突き、配給制度も麻痺《まひ》状態に陥ってしまいました。爆撃による流通網の損壊によって食糧の流通もストップしたままでしたから、都市部の人びとの食糧や物資は圧倒的に不足していたのです。

東京を例にとれば、空襲や強制疎開で空地になっていた駅前広場などに、まず闇市が立ちました。最初はザルに野菜を載せたり、魚を石油缶に入れて売ったりする、物々交換に毛の生えたようなものでしたが、そのうちみかん箱を二つ並べて、その上に雨戸を載せて台をつくり、蒸し芋・焼き芋・落花生などを売るようになります。それがさらに一間《いっけん》四方ぐらいの店になり、カストリ焼酎などを売るようになる。いったん「市」ができ上がると、どこからともなくさまざまな物資が集まってきます。その大半は食べ物屋でしたが、占領軍からの放出品や農家から担いで来た野菜類も並べられるようになり、飛ぶように売れました。

そんな闇市における商品の流通経路や値段の成立について、そのころ隆盛を誇っていたマルクス経済学の用語――「使用価値」や「交換価値」、「労働価値」や「剰余価値」など

——を応用して論考を書きました。教授はそのアイデアを面白がって「優」をくれました。日本経済の復興は傾斜生産より闇市の流通からだと思っています。

※

二篇目の論文は「大東亜戦争開戦時期の決定について」でした。

わが国は開戦に踏み切るまでに四回、御前会議を開いています。

一回目は昭和十六年（一九四一年）七月二日です。

日本政府は関係改善をめざしてアメリカと交渉を続ける一方、この日の御前会議で、対ソ戦の準備と南部仏印進駐を決めています。

「南部仏印」というのはフランス領インドシナの南部（現・ベトナム）ですが、ここへ日本軍が進駐すると、米英両政府の対日感情は一挙に悪化しました。アメリカは日本に対して「石油輸出の全面禁止」という厳しい経済制裁を発令し、イギリスとオランダもただちにそれに同調しています。昨今の北朝鮮に対する経済制裁と同じでした。

二回目の御前会議は九月六日に開かれています。

先の「石油の対日禁輸」は日本にとってまったくの想定外の出来事でしたから、この日の御前会議では、十月上旬になっても対米交渉に進展が見られない場合は、「直ちに対米

（英、蘭）開戦を決意す」と決定しています。開戦への決断を迫られることになった首相・近衛文麿はシナ大陸からの撤兵も考えたようですが、陸相・東条英機がそれに反対したため、十月十六日、近衛内閣は総辞職に追い込まれます。後継の東条内閣が成立したのは十八日でした。

三回目は十一月五日。

十一月一日の大本営政府連絡会議は「此《こ》の際対米英蘭戦争を決意し、武力発動の時機を十二月初頭と定め陸海軍は作戦準備を完整《かんせい》す」という帝国国策遂行要領を決定し、三回目の御前会議はこれを承認しました。一方、アメリカは十一月二十六日、コーデル・ハル国務長官が、㈠シナ大陸および仏印からの全面撤退、㈡満洲国の放棄、㈢日独伊三国同盟の死文化、㈣中国における蔣介石政権以外の政権（具体的には、汪兆銘《おうちょうめい》政権）の否認などを要求する「ハル・ノート」を突き付けてきました。日本政府はこれを「最後通牒」として受け止め、開戦の決断を行うことになります。

十二月一日の四回目の御前会議のテーマはズバリ「日本の開戦」でした。

こうした流れの中で、昭和十六年十二月八日に宣戦布告となるわけですが、私の当該論文は、十二月八日という時点で開戦するのではなく、もっと別の時期に開戦に踏み切るべきだったのではないか、という内容でした。あそこまで追い込まれてから立ち上がるのではなく、もっと有利な時期があったのではないかという仮説に立って日米開戦に至る経緯を検証してみたのです。

ところが、当時のデータを検討してみると、軍事力、経済力、資源の量……何をもってきてもアメリカのほうが日本よりずっと上で、日本が追いつけるような数字はまったく出てきませんでした。そのため、二番目の論文のほうは途中で「や〜めた」という状態になってしまったのですが、それでもそんなテーマの論文はありませんでしたから、教授はこれも面白がってくれたようでした。

私は後年、何冊もの本を書くことになりますが、いつも心がけてきたことは「新しい視点」「思いがけない見方」でした。他人《ひと》と同じではつまらない、他人が思いつかないような斬り方をしたいと思ってきました。

後ほど詳しくお話しいたしますが、第一回のサントリー学芸賞を受賞した『新・文化産業論』（東洋経済新報社）はそうした思いの産物でした。自分でいうのもヘンですが、その片鱗はもうこの学生時代からうかがえるように思います。

後の東大総長・矢内原忠雄の印象

その頃、たまたま東横線の車中で矢内原忠雄《やないはらただお》教養学部長に会いました。矢内原氏はシナ事変が勃発したとき（昭和十二年）、講演の中で軍部が跋扈《ばっこ》する当時の情勢を批判して「日本の理想を生かすために一先《ひとま》ず此の国を葬って下さい」と言ったために東大を追われましたが、戦後、再び教壇に戻ったところでした。教養学部の学部長で、車内に立っておられました。私は「矢内原先生ですね」と話しかけ、「一度、お話をお聞きしたいのですが、おうかがいしてもよろしいでしょうか？　私は『教養学部新聞』の記者をしております」と続けると、「ぜひ、どうぞ」と言ってくださって、さっそくうかがいました。

矢内原教授は、①教養学部を新設した苦労、②就職確保のため特別優秀な学生を集める苦心、③一高時代からの寮を廃止する苦労などを話してくれました。矢内原氏はその後、昭和二十六年に東大の総長になりますが、学生ストライキに対しては厳しい姿勢を示し、「ストライキを計画・指揮した自治会委員長、学生大会議長、ストライキ議案の提案者は原則として退学処分とする」という「矢内原三原則」を打ち出しています。民進党の最高顧問・江田五月《えださつき》氏などもこの原則に引っかかって退学処分を受けています。

ついでにいっておけば、「教養学部新聞」というのはよく知られている『東大新聞』とはまったく別です。東大に教養学部が新設された機会に「新聞でも出してやれ」という物好きが集まって始めたもので、一部十円だったか値段は忘れてしまいましたが、毎年二千人の新入生が入って来ますから、貧乏学生にとってはいい〝定期収入〟になりました。

「これからは経済学の時代だ!」

先に闇市について触れましたが、戦後すぐの時期は、とにかくモノがありませんでした。そこで政府は経済復興のために「傾斜生産方式」と呼ばれる政策を導入しますが、通産省の自画自讃だと思います。当時の基幹産業である鉄鋼および石炭に資金や資材を重点的に投入して、両部門の循環的拡大を促進し、それを牽引車《けんいんしゃ》にして産業全体の拡大を図ろうとしたのが成功したといわれ、しばらくすると、さらに化学肥料や電力などにも重点を置くようになり、そして一定の成果が得られたのは事実ですが、一方では激しいインフレを引き起こすことになりました。そこで昭和二十四年（一九四九年）に、GHQ（連合国軍最高司令官総司令部）はデトロイト銀行頭取のジョゼフ・ドッジを経済顧問として迎えます。その彼が立案・勧告した政策が「ドッジ・ライン」と呼ばれ、経済はデフレにシフトします。やっぱり闇市という流通の自由化が先で、それをもっとやるべきだったように思います。

当時、私は「日本エカフェ協会」に出入りしていました。エカフェ協会というのは国連の下部組織で、横文字で記しますと、ＥＣＡＦＥ＝Economic Commission for Asia and the Far East（アジア極東経済委員会）となります。アジアおよび極東の社会的発展を研究したり、それを促《うなが》したりする委員会で、現在はＥＳＣＡＰ（アジア太平洋経済社会委員会）と改称されています。

エカフェ協会はその名のとおり、アジア関係の資料やデータを満載した書物をいろいろ刊行していましたので、経済学研究の一環として、そこに通ったのです。そうするうちに、当時、英国植民地時代の〝負の遺産〟であった食糧危機や飢餓から脱しようと懸命になっているインドに興味を覚えるようになりました。エカフェ協会へ行けば、インド研究の本が山ほどありました。もう一か所、当時の日本におけるインド研究の中心は大阪市立大学でした。そこから出ている本も買って読んでいましたから、私はインドに詳しい人間の一人でした（私のインドへの関心はその後も持続して、二〇一二年には、インドで客員教授を務めたことのある森尻純夫《もりじりすみお》さんとの共著『これからはインド、という時代』をワックから刊行しています）。

それもあって、経済学部のゼミナールでレポートを書かされたときは、「インド第二次五か年計画」と題するものを提出しました。

余談を付け加えれば――そのころエカフェ協会事務局の経済分析課長として燻《くすぶ》っていたのが、後に大平（正芳）内閣で外務大臣を務めることになる国際エコノミストの大来佐武郎《おおきたさぶろう》さんでした。私は学生でしたが、大来さんにも会いに行き、いろいろ後進国開発の話を教えてもらいました。

私は東大を卒業すると日本長期信用銀行に入りましたが、入行間もなく経済企画庁へ出向を命じられます。そうしたら、しばらくして大来さんも経済企画庁の審議官になって来たのです。「あのときエカフェでお目にかかった日下です」と挨拶したら、一回で名前と顔を覚えてもらえました。

当時、私は経済企画庁で「全国最適工業配置計画」というプランを書き上げていましたので、「こんなのをつくりました」と言って大来さんに手渡したところ、あの人は全部読み通したうえ、「これに勝るプランはない」と言って、「日下は経済企画庁の宝である。いや、日本の宝である」と褒めて歩かれたようです。大来さんは褒めるときは外国人ふうに大げさに褒める人でしたから、長銀内部では反対に「いやいや、そんなはずはない」という人が大勢出てきてしまった。私はもう笑うしかない、という一幕もありました。

垣間見た政治の世界

話が飛んでしまったので、東大時代に戻しますと、意外に思われるかもしれませんが、私は選挙の応援もかなりしています。

昭和二十一年（一九四六年）に行われた戦後第一回の総選挙に友だちのお母さんが立候補して当選しましたので、その次の選挙を手伝わされたのがキッカケでした。榊原千代さんという女性で、雑誌「婦人の友」の記者や自由学園の教授などを経てドイツやイギリスに留学、帰国後はご主人が福島経済専門学校（現・福島大学経済経営学類）の教授に就任したため、福島県に移り住んで福島高等女学校の教諭になっています。そして、戦後すぐの総選挙に福島県から立候補して初当選したのです。所属は日本社会党でした。

なぜ社会党の代議士の選挙運動を手伝ったかといえば、友だちのお母さんだったこともありますが、戦後の焼け野原の時代は自由党や民主党よりまだ社会党のほうに希望があるように思えたからです。じっさい、そういう人が多かったのでしょう、昭和二十二年から一年間、社会党委員長の片山哲氏が内閣を組織しています。ただし、この片山内閣は日本民主党、国民協同党と連立した〝寄り合い所帯〟だったせいで閣内の争いが絶えず、わずか一年で瓦解、「やっぱり社会党じゃダメだ」という失望をもたらすだけで終わりました。その点では、「民主党には国を任せられない」という失望だけを与えた鳩山（由紀夫）政権➡菅（直人）政権➡野田（佳彦）政権の〝先駆け〟であったといえるかもしれません。

もう一点、当時の社会党には清潔なイメージがありました。

河上丈太郎という右派社会党の委員長（昭和二十七年～三十年）はクリスチャンで、「委員長は十字架である」と演説したところから、「十字架委員長」と呼ばれていましたが、その葬儀（昭和四十年）に出席した人は「委員長があばら家に住んでいた」といって驚いていました。金権政治家ではなく「清貧の政治家だった」のです。

それはともかく、私の友人は榊原千代さんの関係でよく国会へ行っていましたので、彼の後について行き、当時の国会議員の生活を垣間見《かいまみ》たのはいい勉強になりました。食糧難の時代でしたが、議事堂内の議員食堂に行くと、なんと寿司までありました。外食券をちぎって出せば、あの時代に寿司が食えたのです。福島のほうからやって来た陳情団も目にしましたし、役人が榊原千代さんの前でへいこらするのも目撃しました。

そんなこともあって、社会見学だと思って選挙の応援にはずいぶん駆けつけました。国会議員の選挙はもちろんのこと、県知事や市長など、ありとあらゆる選挙事務所に出入りしました。選挙応援では弁士を務めたこともありますが、いちばん重宝《ちようほう》されたのは選挙カーの運転です。当時は小型のオート三輪で、運転免許を持っていましたので、候補者を乗せてあちこち走りました。

子供のときから車が好きで、高松市の小学校の四、五年生のときは町でいちばん大きな整備工場（トヨタに認定された工場）へ行き、工員がすることを飽きずに見ていました。毎日のようにそこへ行って彼らの仕事ぶりを眺めていると、工員さんたちは私を仲間に入れてくれるようになる。そうやって車に親しんでいったのです。

十六歳になったその日に免許を取りに行きました。試験官が「おまえの家にはオート三輪があるか？」と訊くので、「ハイ、あります」と答えました。すると、「じゃあ、そのうちに（運転も）うまくなるだろうから合格だ」と言ってくれました。実際はわが家にはオート三輪などありませんでしたが、とっさに機転を利かせたのです。その点では、結構スレた子供だったのかもしれません。

＊

選挙運動を手伝ったり議員事務所に出入りしたりして感じたのは「基礎のない政治家はダメだ」ということです。自分の足元の固まっていない人は時流に流され、右へ左へ、また右へと、節操もなく流されてしまいます。

いまでもそうです。小池百合子女史が「希望の党」をつくると、民進党の議員たちは老いも若きも「どうもあっちのほうが選挙に通りそうだ」と、ドッとなだれを打って押し寄せました。ところが、小池女史の「民進党左派は排除します」という発言で、「希望」が一挙に「絶望」に変わったと見るや、「やっぱり元の民進党だ」といって古巣へ戻りたがる。信念も節操も思想も何もない。そんな政治家が多いから、日本の政治はなかなかよくなりません。

国会議員たちの生態をつぶさに見て感じたのは、「なんとバカげた種族であることよ」ということでした。国会議員の質は年々下がり続けているように思います。「国民生活を豊かにしよう」という信念を抱いて活動するのではなく、「自分たちの待遇をよくしたい」と考えて動いている人が増えているように見えます。

私の結論は、当然ながら政治家には〝田舎者〟が多いということです。せっかく国会議員になったのだから、あるべき国の姿や日本の未来を追求しなければいけないのに、「何かおいしい特権はないか」と目を皿のようにしている。そんな政治家ばかり目につきます。〝精神の田舎者〟です。お手盛り国会議員です。

その頃、国会の中で国会議員には特別扱いを――といろいろ要求したのは彼らだったそうです。

冷やかしで受けた国家公務員上級試験

東大を卒業するとき、私は国家公務員の上級試験（現在の名称は「国家公務員採用総合職試験」）を受けました。いわゆる「キャリア試験」です。といっても、国家公務員になる気はありませんでした。いってみれば〝腕試し〟ないし〝冷やかし〟の受験でした。仲間がみんな受けるから「おれも受けてみようか」といった感じです。

一次試験では、国語、数学、理科、社会……などがゴチャ混ぜになったような問題が出されました。中学、高校時代の勉強がしっかり身についていればそれほどむずかしくはありませんが、なにしろ問題量が多かった。二時間に百問解かなければいけなかったように記憶しています。

試験が終わると、合格の電話が来て、次は二次試験。

これは専門分野に関する試験ですから、私の場合は経済学の理論とか財政学などに関する記述式の問題でした。

最後の三次試験は面接で、四人ぐらいの面接官に志望動機や入省したらやりたいことなどを訊かれました。

いろんな省庁から勧誘の書状や電話があり、公務員もコネの世界だということが分かりました。

こちらから質問して、社宅がないのでは……と断ると、結婚話を代わりに勧められたりしました。人生いろいろ就職先もいろいろだと分かりました。

第二章

長銀では「発想力」に磨きをかけた

ヒマであれば給料は少しぐらい低くても……

私が銀行へ入ったのは、給料は高いのに仕事が少なそうに見えたからです。長銀は、吉田（茂）内閣が打ち出した「金融機関の長短分離」政策――短期金融は普通銀行に、長期金融は長期信用銀行と信託銀行に担当させるという政策――に沿って、昭和二十七年に設立されたばかりの新しい銀行でしたから、確かにヒマでした。私はヒマであれば給料は少しぐらい低くてもいいと思っていましたから、心中、「しめしめ」とほくそえんだものでした。もちろん、いくら私でも顔には出しませんでしたが……。

私と同じように東大から長銀に入った人は他にもいて、長銀内部では、東大組は〝役人崩れ〟のように見られていました。そのせいか、入行して五年目の昭和三十五年（安保騒動のあった一九六〇年）、私は経済企画庁への出向を命じられました。

人事部にはいっぷう変わった課長がいました。「何もかも一番、一番でやってきた人間にはロクな奴がいない」という信念をもった人で、高校、大学いずれもトップという学生を落としていいます。「そういう学生は鼻が高いから使いにくいし、またウチが落としても、どんな会社でも入れるだろうからな」というのがその理由でした。

経済企画庁の前身は、昭和二十一年に首相直属で設置された「経済安定本部」（通称・「アンポン」）です。私が出向した五年前に経済企画庁と改称されました。

経済企画庁で配属されたのは総合開発局開発計画課で、「全国総合開発計画」をつくるために新設されたセクションですが、行ってみると誰も働いていない。なぜかと訊いてみると、「全国総合開発計画なんて大がかりなプランなどつくれっこないから、通産省が全国最適工業配置計画をつくるのを待っているのだ」という返事でした。

このプランづくりについては前著『日本人への遺言・最終章〜「反核」愚問』に記しましたので、ここでは割愛しますが、要点だけ触れておけば——私は銀行からいろんなデータを持ち出して、短期間に「全国最適工業配置計画」をつくってしまいました。

私が一人で「全国最適工業配置計画」をつくってしまったのを見て、経済企画庁は「日下を引っこ抜いてしまえ。銀行を辞めさせて、こっちへ引っ張ろう」と考えたようです。そのとき問題になるのは国家公務員試験を通っているかどうかでした。そこで問い合わせてみたところ……日下は合格している、でした。

ところが、当の私は経済企画庁に行きたくない。ことわり続けていると、「キミを誘うのは止めにしたよ」と、諦めてくれました。しかし、官庁に友人、知人がたくさんできたのは、ありがたいことでした。

発想を試された長銀調査部「社会ユニット」というセクション

出向は二年間でした。長銀へ帰ってくると、「日下がまた変なことをやり始めるぞ」という声が聞こえてきました。

経済企画庁へ出向したということは、そこで「国家」とか「政治家」と付き合ったわけですから、銀行員としてはやはり異色です。したがって、銀行に戻ってもなかなか居場所が見つからない。一種、疎外された存在でした。

そこで私は、昭和四十四年（一九六九年）に調査部の中に「社会ユニット」というセクションを新設して、その副長に納まりました。それまで長銀には社会問題を扱う部署がありませんでしたから、調査部を三つに分けて「経済ユニット」「産業ユニット」「社会ユニット」をつくったのです。

社会ユニットでは、当時のことですから、「公害問題」とか「心の時代か、物質の時代か」といったテーマも扱いました。行内で「高度成長期の生き方」が問題になると、重役が「ちょっと日下に聞いて来い」と、若手社員に言う。そこで私は自分の考えやアイデアをしゃべる。それがまた若い人を養成することにもつながっていきました。

いまごろ公害について語っても仕方ありませんので、「景気低迷」を例にとれば、重役に言われて若い人がやって来たら、こんな話をするだろうと思います。

――不景気の原因は国際競争力の不足ではない。問題の根は日本国内で消費が伸びないところにある。言い換えれば、みんながお金を使わないから景気が低迷している。もともと、輸出は輸入代金を支払える分だけあれば十分であって、それ以上に輸出してカネを貯め込んだら世界中から嫌われる。逆に、日本人みんなが貯金を下ろして使うようになれば新たな経済発展が始まるはずだ。

これまでの経済学は、話がみな生産から始まっている。生産拡大をめぐる屁理屈の塊がいままでの経済学だ。生産不足の時代だったらそれでもいいが、現在のように生産過剰になってきたら、消費から考える経済学でなくてはならない。人間はもともと消費するために生きているのだから、今後の経済発展は「生産革命」からではなく「消費革命」からやってくると、百八十度、発想を転換させなければいけない。

ところが、日本には「浪費は不道徳だ」という〝暗い教え〟がある。正々堂々とお金を使えないような雰囲気がある。そのせいで、みんなが「老後のために」といって貯金する。

日本銀行が二〇一七年八月に発表したところによれば、日本の家計資産残高はなんと一八〇九兆円に上るというではないか。みんなが、そうした資産を切り崩して使うようになったら、日本中が明るくなるに決まっている。その光に引き寄せられて世界中の人びとが日本へ観光にやって来るだろう。そして、彼らが日本製品を買うようになったら不景気など吹っ飛んでしまう。

ついでにいっておけば、みんながお金を使うようになれば、「お金というのは、使ってみたらやっぱり楽しい」と実感できるようになるだろう。普通の人は「世界の最先端はシリコンバレーだ」と思っているが、私にいわせれば、世界の最先端は巣鴨である。巣鴨の「とげぬき地蔵通り」へ行ってみなさい。不景気などどこ吹く風とばかり、おばあさんたちがキャッキャといいながら楽しそうに買い物をしているではないか。あれこそ、「楽しい消費社会」の典型的な光景であり、不況脱出の道をさし示すヒントである。

もう一つ、例を挙げておきましょう。たとえば、「少子化」について問われたときは、どう答えるか?

——二十代の女性に「カネとヒマができたら子供を産みますか?」と訊くと、ほとんどの人から「まだまだ遊びたいから……」という消極的な答えが返ってくる。「では、遊びたくなるようないい男がいますか?」と問うと、一様に困った顔をする。少子化問題は、いい男がいない、いい女がいない、という単純なところから考える必要がある。

子供を大事にする地域社会が崩壊したのも大きな要因だ。おじいさん、おばあさん、おじ、おばといった血縁集団が壊れたことも一因として挙げられる。それは個人主義が世に蔓延《まんえん》したのがそもそもの原因だから、ここから「国の教育政策が問題だ」と考えを広げていってもいいし、「国民が個人主義を猛省すべきである」という話のほうにもっていってもいい。

ただし、少子化は悪いことばかりではない。人口が少なくなれば、家が余る。一人っ子同士が結婚すれば、二軒の家のどちらに住もうかという〝贅沢《ぜいたく》な悩み〟も出てくるだろう。高速道路は交通量がほんの数%減っただけでガラガラになるといわれている。これは人口とインフラの関係を示す一例だが、少子化が進めば、日本のインフラは目に見えて余裕が生まれるはずだ。

少子化は悪いことばかりではないのである。

……と、まあ、そんなことを調査したり、具申したりするセクションでしたから、広い知見や発想、アイデアが試されました。それが後の評論活動や執筆活動の土台になっていますから、ありがたいことだと長銀には感謝しています。

これからますます求められる「拡散思考」

いかにアイデアを生み出すか？

その元になるのは自由に発想を広げていく「拡散思考」です。「ｉｆ《イフ》」や仮説を使って、ものごとの第二幕、第三幕……を考えていく。それができる人を拡散思考に長《た》けた人といいます。

逆に、仮説やｉｆの思考をできるだけ排除していくのが「絞り込み思考」で、学者にその傾向が強く見られます。げんに、「歴史にｉｆはない」といわれるように、歴史学では仮説を排除します。確かに、ｉｆを排除すれば間違いは少なくなるでしょう。でも、そこからは新しい発見はなかなか生まれません。「日下さんの話は何の根拠もない」と言っている大学教授を見ると、私は「何とつまらん人生よ」と、憐れに思えてきます。そんなアタマの固い人が教壇に立っているから、学生は授業に出ないか、出席しても教室で居眠りばかりするのです。

「仮定の話にはお答えしかねます」

痛いところを突かれてそう答えるのは、たいていお偉方か学者です。この種の人たちは概してｉｆの話を嫌います。

幸い、私はお偉方でもなければ学者でもありませんので、ｉｆの話は大好きです。さまざまなｉｆを考え、何通りものストーリーをつくり、ものごとの第二幕、第三幕……を想像します。そうしていると人生が楽しくなり、ビジネスでも成功する可能性が広がるだろうと思っています。しかも、拡散思考を続けていくと、未来や希望も開けてきて、新しい価値やアイデアも生まれてきます。

拡散思考に長じた人の第一は、やはり小説家や脚本家、ゲーム作家などでしょう。頭の中で世界を構築できる人たちです。

第二は、「こんな商品やサービスを開発したらきっと売れる」と考えるビジネスマンです。ただし、ビジネスの場面では実現不可能なｉｆは排除しますから、拡散思考の度合いは小説家や脚本家と比べたら低くなります。

第三のグループに属する防災学者たちは「もし東京をマグニチュード7の直下型地震が襲ったら……」というｉｆは考えますが、「もし東京を体長五十メートルの巨大生物が襲ったら……」という想定はしません。それができるのは第一のグループの人たちです。

＊

ここで一つ、拡散思考の実験をやってみましょう。実際の歴史にｉｆの事例を入れてみるのです。例は何でもいいのですが、若いときから〝軍事オタク〟の傾向がありましたので、先の大東亜戦争にｉｆを適用してみます。

まず、開戦の引き金になった「ハル・ノート」を全世界に向けて公表していたらどうなったでしょう？　先にも触れたとおり、ハル・ノートの骨子となっていたのは次のような非常に厳しい要求でした。

●シナ大陸および仏印からの全面撤退。
●満洲国の放棄。
●日独伊三国同盟の死文化。
●中国における蔣介石政権以外の政権（具体的には、汪兆銘《おうちょうめい》政権）の否認。

もし日本政府がこうしたムリ筋の要求を即座に公開していたら、「戦争をしたがっているのは日本ではなく、アメリカのほうだ」ということが世界に知れ渡ったことでしょう。

それもそのはず、ハル・ノートをまとめたのはハル国務長官ではなく、財務省の高官ハリー・ホワイトという男でした。しかも、彼はじつは日米開戦を画策するソ連が送り込んだコミンテルンのスパイであったことが戦後、判明しています。ハル・ノートが、何がなんでも日本を開戦に追い込もうとする内容であった背景にはそうしたソ連製の謀略があったのです。

また、当時のルーズベルト大統領は「絶対にアメリカは参戦しない」と公約して三選を果たしたところでしたから、ハル・ノートを公表していれば、米国内に「公約違反だ」という反戦の声が高まった可能性が十分あります。したがって、日米開戦には至らなかったかもしれません。

さらにいえば、ハル・ノートの一部を受け入れ、日本軍をシナ大陸から撤退させていたらどうだったか？ じっさい、日本軍はシナ大陸に深入りしすぎて、ドロ沼にはまり込んでいました。毎年、四万人も五万人も戦死者を出し続けていたのですから、「シナ大陸からの全面撤退」という要求には「渡りに舟」という一面もあったのです。げんに、当時シナ大陸からの撤兵を主張した日本人もいました。もしそうしていれば、アメリカも振り上げた拳《こぶし》の持っていきようがなくて、かえって困ったのではないでしょうか。

それでも日米開戦は避けられず、真珠湾攻撃を行わざるを得なかったとしたときは、機動部隊の司令長官を南雲忠一《なぐもちゅういち》中将ではなく、山口多聞《やまぐちたもん》少将であったらどうだったか？

周知のように、真珠湾攻撃は第一次攻撃、第二次攻撃ともに海戦史上空前の大成功でした。アメリカ太平洋艦隊の主力戦艦群を実質上全滅させたからです。

第三次攻撃の目標は燃料タンクと修理施設でした。山口少将率いる航空母艦「飛龍」の航空参謀は第三次攻撃隊の準備完了を報告し、攻撃隊は飛行機のエンジンをかけ、爆音を轟《とどろ》かせながら待機していました。山口少将は南雲中将の乗る旗艦「赤城」にそれを伝えましたが、司令長官の南雲からは何の応答もなく、全機動部隊は反転して帰国の途につきました。日本側の損害は二十九機、戦死者は五十五人、軍艦の被害はゼロでしたから、見方によっては見事な引き上げ方でした。

しかし、もし山口少将が機動部隊の司令長官であったら、第三次攻撃を敢行し、燃料タンクや修理施設を破壊していたに違いありません。そうしていたらどうだったか？

アメリカのニミッツ提督は『ニミッツの太平洋海戦史』（恒文社）で次のように書いています。

アメリカ側の観点から見た場合、真珠湾の惨敗の程度は、その当初に思われたほどには大きくなく、想像されたものよりはるかに軽微であった。（中略）攻撃目標を艦船に集中した日本軍は、機械工場を無視し、修理施設には事実上手をつけなかった。日本軍は湾内の近くにある燃料タンクに貯蔵されていた四五〇万バレルの重油を見逃がした。（中略）この燃料がなかったならば、艦隊は数カ月にわたって、真珠湾から作戦することは不可能であったであろう。

山口少将が司令長官で、米海軍の燃料タンクを攻撃していたら、当然、その後の戦局は実際とは大きく異なるものになっていたはずです。

さらにｉｆを続ければ、日本は昭和十八年十一月、東京で「大東亜会議」を開き、アジアの首脳たちを前にして「植民地解放」のスローガンを掲げましたが、それを二年早めていたらどうだったか？　日米開戦前に「植民地解放」を叫んでいたら、日本は〝アジア独立の父〟と仰ぎ見られたかもしれません。げんに、タイのククリット・プラモート元首相は「日本のおかげでアジアの諸国はすべて独立した。日本というお母さんは難産して母体を損なったが、生まれた子供はすくすく育っている。身を殺して仁をなした日本が立ち上がった十二月八日をわれわれは忘れてはならない」という趣旨のことを語っています。

ｉｆの話ですから、以上とはまったく別のストーリーを展開させても構いません。

大事なのは発想の翼を自由に大きく広げていくことです。そうした「拡散思考」の訓練を積んでいくと、自分なりのストーリーがつくれるようになります。それによってものごとを見る目も近視眼的ではなくなり、長期的な展望が持てるようになります。

そのためには「思い込み」を捨てることも大事です。そういうと、「私は思い込んじゃあいません」と反発する人がいますが、そういう人は得てして「自分は思い込みのない人間だ」と思い込んでいるのです。人は必ず何かを思い込んでしまいがちな存在ですから、まず、そのことに気づかなければなりません。

銀行のエリート・コース「融資」の神髄とは？

さて、どこの銀行でも融資部門がエリート・コースとされています。だから、行員はみな融資担当になりたがりますが、私はその融資を二年間担当しただけで、もう結構という思いでした。

銀行というのは電気、ガス、水道代などの公共料金の口座振替や自動引き落とし、あるいは送金の際の振込手数料など、為替業務では大した儲《もう》けは出せません。そこで大口融資などの貸付業務が〝稼ぎ頭〟となるわけです。

私は融資部門にいたとき、上司に「こんな融資は止めたほうがいいですよ」と具申したことがあります。すると、上司から「日下なあ、資金繰り償還というのもあるんだぞ」と諭《さと》されました。「資金繰り償還」というのは、どこか他からお金を借りてきて返済するやり方です。じっさい、世の中には他の金融機関から借りてきて返済してくれるという律儀な会社があるのも知っています。上司はその資金繰り償還を当てにすれば取り引きできると判断して「大丈夫だ」と言ったのです。「いままでこうやってきて大丈夫だったんだから、これからも大丈夫だ」と言っていましたが、そんなことは私にはとても信じられません。「これからは違いますよ」と反論したのですが、「またか」という顔をされました。

そんな世界ですから、いくら融資部門がエリート・コースだといわれても私は融資担当になりたいとは思いませんでした。やはり、アイデア勝負の調査部や開発部のほうがずっと面白かったからです。

融資をめぐってはこんな経験もありました。

牛丼の「吉野家」の一号店は築地にありました。築地市場には小さい店がぎっしりと並んでいますが、まぐろ丼や天丼など魚の店ばかりで牛丼は吉野家だけでした。

松田瑞穂《まつだみずほ》社長はその理由についてこう語っていました。――「おやじが牛丼屋だったから牛丼を出したわけですが、築地に牛丼屋はウチ一軒だけでしたから、どうにか商売が成り立ったのです」と。しかし、それは彼の謙遜《けんそん》で、あの社長はいろいろ戦略を練っていたようです。なぜ牛丼しか出さないのかと訊いたときは、「あったらいいなという程度のメニューはないほうがいいと考えたからです」と言っていました。また、「牛丼を食べに来るお客さんは牛肉を食べに来る。だったら、それまで具材に入れていた焼豆腐やタケノコなどは取り払って、その代わりにたっぷりの牛肉とそれと相性のいい玉ねぎだけでシンプルな牛丼を提供しようと思いました」という話も聞きました。

そんな松田社長とは妙にウマが合いました。その吉野家が急に有名になったのは一九七〇年代の中ごろです。

すると、長銀にもあわて者の支店長がいて、「吉野家に融資したいんです。あそこと取り引きしたいんです。日下さんは松田社長と仲がいいらしいから、紹介していただけませんかか」と言ってきました。「あなた、本当に吉野家に融資したいの？」と訊いたら、「ハイ」と言う。でも、一度は追い払ってしまいました。そうしたらまたやって来て、「いま評判の牛丼屋とどうしても取り引きしたいんです」と言う。「そうか。でも、責任は全部おまえが取るんだぞ」と念を押してから、松田社長に電話をかけたところ、松田さんはこう言いました。「日下さんの長銀からは借りません。私はいまノドから手が出るほどお金が欲しいのですが、多分、返せないでしょう。だから長銀から借りるわけにはいきません」と。

後で分かったことですが、じつはそのとき吉野家は暴力団に取りつかれていたのです。そのせいで、吉野家はいつどうなるか分からない。だから松田社長は「日下さんにご迷惑をおかけする恐れのある融資は受けられません。借りるときは○○銀行にします」と言ったのです。

その一件で、私が何を教訓として得たかといえば、それは「融資の審査など、しなくていい場合もある」ということでした。誠意をもってきちんと付き合っていれば、向こうのほうから〝真実〟を告げてくれる。相手は私に迷惑がかからないように図ってくれる。それだけの仲になればいいのです。これこそが融資の要諦《ようてい》であり、神髄である。融資先の帳面を調べるなど下の下の策である、と知りました。

イギリスの貴族は〝勉強をしている人と友人になればよい。それが貴族だ〟というそうです。で、貴族は勉強はしないそうです。

中国と取り引きして儲かったためしはない

これは『日本人への遺言』でも述べたことですが、参考になると思うので再録させていただきます。私が融資の部署にいたとき、当時の日本にはカネがありましたから、私は北京に西側諸国として初めてのホテルを建ててみたいと思い、頭取に話したことがあります。「いくらぐらいかかる?」と訊かれたので、「まあ、三百億円もあれば、お釣りがくるでしょう」と答え、「じゃあ、やってみろ」ということになって中国へ行きました。

中国人というのはしたたかですから、北京一本槍でいくと付け入られる恐れがある。だから、交渉途中で「北京は止めにして上海に建てるかもしれない」と揺さぶりをかけたこともあります。また、土地を借りてホテルを建てるといろいろ難癖を付けられる可能性がありますから、一時は上海に「船ホテル」をつくろうかとも考えました。「船ホテル」なら、何か事が起こったとき日本に引っ張って帰れますから。
　そのとき中国側と実際に揉めたのは人間の雇い方でした。
中国側　共産党が派遣する人間を使って営業して欲しい。
日下　共産党の息のかかった人間を使って国際ホテルなんてできません。そんな条件は外して欲しい。
中国側　いや、外せない。
日下　なんとしてでも外して欲しい。
　そんなふうに、揉めに揉めました。
　また、「食材は中国側が支給する」と言い出したから、「その値段はどうなる？」と訊きました。
中国側　国際価格である。
日下　では、国際価格の正体は何だ？
中国側　香港並みだ。
日下　あなたがたは国際価格の何たるかを知らないんじゃないですか？　そこが不安だから、私は食材を長崎から持ち込む。それでいいならホテルを建てるが、それがダメだというなら、この話は止めにする。

そんな交渉を北京でやり、上海でもやりました。

長銀の偉い人たちはみんな「日下に任せた。わしゃ、関係ない」といって責任を取ろうとしない人ばかりでしたから、何でも自分の好きにできました。向こうがカンカンになって怒ろうとも、私は平ちゃらでした。怒るふりをするのも中国流なのだろうと思っていたからです。交渉が決裂すると、「あ、そうですか。じゃあ、ぼくは帰ります」と言って飛行場へ向かいました。空港へ着くと、向こうが追いかけて来る。そんなことを何度も経験しましたから、「ああ、彼らは芝居をしているんだな」と分かりました。担当者は「そこまで日本と交渉しました」と、上司に報告して点を稼ごうとしていたのです。

北京では担当者が「高いホテルを建てろ」といってきました。北京でいちばん高いホテルを建てれば、自分の手柄になるからです。そう言われた私は逆提案をしました。「地元で焼いたレンガで三階建てくらいの平べったいホテルを建てるとたいへん風情があっていいんじゃないですか？　それを合弁でやりましょう。柳営《りゅうえい》のようなホテルになりますよ」と。

中国では昔、将軍のいるところを「柳営」といいました。池を掘って、柳を植え、そして美女を配す……。

最後には共産党の大物が出て来て、「とにかく三十階ぐらいの高いホテルにしろ」と言ってきました。私がいくら反論しても諦めないので、アタマをひねって――電気のことは何も知らなかったのですが――こう言いました。

日下 それだけ大きなホテルを建てると、よほどいい電気じゃないと始終エレベーターが停まってしまいますよ。

大物 いや、これはおれのホテルである。北京中を停電させても電気のことで不自由はさせない。

私はどうやってこいつをギャフンと言わせようかと考えて、思いついたのが次の一言でした。

日下 では、私の心配を申し上げましょう。停電で北京中が真っ暗になっているとき、そのホテルだけ煌々《こうこう》と電気がついていたらどうなります？ 紅衛兵がまた押しかけて来るんじゃないでしょうか。あなたのために、私はそれを心配しているんです。

その瞬間、そこにいた共産党の偉い人たちの顔が一斉に引きつったのが分かりました。

彼らにとっての「紅衛兵」は、戦前の日本の要人たちにとっての「青年将校」のような存在だったのです。

このように、時には機転を利かせた一言で膠着《こうちゃく》状態を打ち破ることが交渉の場面で非常に重要です。

結局、そのホテルは建ちませんでした。相手があまりにも政治的なので、これは止めなければ深手を負うと判断したからです。中国の場合、融資するといっても担保になるものがありません。一昔前だったら、イギリスのように「香港をよこせ」とか、ドイツみたいに「山東半島を担保に取る」と言えたのでしょうが、いまの中国からは担保に取るものが何もない。だから、止めるに限ると決めたわけです。

それが頭取の耳に入り、「ちょっと来い」と呼ばれました。「止めたいと言っているそうだが、それではおまえの経歴にキズがつくぞ。おまえの将来も危うくなる」と忠告されたので、「私の経歴など問題ではありません。融資したカネが戻って来るかどうかが問題です。長銀にも、日本の官庁にも、私を応援してくれる人は一人もいません。私一人でカネを取り戻す自信はありませんから、いまのうちに手を引いたほうが賢明だと考えたのです。三百億円出すだけならバカでもできます。でも、回収できる見込みがない。それなら、早く止めたほうがいいと判断したのです」と。すると頭取は「日下の野郎、うまいこと逃げよったな」といった顔をしました。

＊

結果的に、私の判断は正解だったといっていいでしょう。

その後、中国へ中国へと押しかけた日本企業はここ数年、撤退ラッシュが続いています。

二〇一六年以降をみても、中国から手を引いた企業は数え上げたらキリがありません。
●食料品の「アサヒグループホールディングス」。
●繊維製品の「ＴＳＩホールディングス」「ダイドーリミテッド」「ダイトウボウ」「ヤマトインターナショナル株式会社」。
●パルプ・紙では「日本研紙」「阿波製紙」。
●化学分野では「デクセリアルズ」「三菱ケミカルＨＤ」「永大化工」「レック」「積水化学工業」「ポーラ・オルビスホールディングス」「ＪＣＵ」「前澤化成工業」。
……もう、このあたりで十分でしょう。中国の人件費が上がっていることも一因でしょうが、契約どおりにものごとを進めようとしない中国人の体質にうんざりしたというのがいちばん大きな理由です。

最初に約束した条件はコロコロ変わるし、中央政府と地方政府のいうことが大きく食い違うことも多い。登用した現地人は本社の命令を聞かないし、約束は破る。しかも、裁判所は日本企業の味方をしてくれない。貸したカネは返してくれないし、銀行を通して送金したカネが行方不明になる……。中国ではそんなことがしばしば起こるため、付き合っちゃいられないのです。

中国で情報システムや化学品の販売など、多角的に事業展開している三谷産業《みたにさんぎょう》の三谷充《みつる》社長は偉い人でした。時の慶應義塾大学の塾長が「中国と取引して儲かったためしがない」と言っているのを耳にすると、「わが三谷産業はいっさい中国とは取引しない」と決めてベトナムに出て行っています。じつに賢明な判断でした。

現実主義者の中国人と付き合う法

私にいわせれば、中国とアメリカは基本的によく似ています。

第一に、地図を見れば一目瞭然ですが、どちらも国土が広く、人口が多い。

そして、大言壮語する。すぐバレるようなウソを平気でつく。

どちらも軍事力の強化にひたすら邁進《まいしん》している。

それから、カネが大好きである。アメリカ人はドルが好きで、中国人はコツコツとカネを貯め、世の中をワイロで動かそうとする。

中国人というのは根本的に非常に現実的です。だから、日本人の多くは「中国人はカネばかりだ。口ばかりだ。約束を守らないから信用できない」と思っています。ところが、遠慮してそれを言わない。でも、言ってもいいのです。そう言われても中国人は怒りませんから。

日本人は理想主義者すぎます。現実主義より理想主義のほうが上だと思い込んでいる。一方、中国人は現実主義のほうが上だと思っている。理想主義者は謀略に引っかかるアホだと思っているに違いない。日本人が中国へ行って清らかなことや高尚なことを言うと、向こうは「まったく、そのとおりです」と口では言いながらも、腹の中では「おお、よくぞだまされてくれた。日本人はアホだ。これで謀略は成功する」と思っているかもしれません。

中国へ行ったとき、試しに「お国の人たちは約束を守りませんね。法律をつくっても自分ではそれに従おうとしません。あなた方が信用しているのは実力だけでしょう？　お金だけでしょう？」と言ってみたことがあります。もちろん、その場では「そんなことはない」と、言下に否定されました。ところが、会合が終わって廊下に出たら、私のところへ寄って来た男がいる。そして、こう言われました。「やっと話の分かる日本人に出会えた。あなたは話が分かる人だから、今後、お付き合いしようじゃありませんか」と。

それも謀略と直観しなくてはいけない……とか。

中国から日本企業の撤退が相次いでいることは前述したとおりですが、それでもまだ多くの企業が中国大陸に出ています。そうした企業の関係者には、中国人はいわば人種が違うのだ、理想主義より現実主義の民族なのだということをよく頭に叩き込んで、そのうえで交渉や取引をすることをお奨めします。

＊

中国がらみの話をもう一つ。

二〇一〇年に開かれた上海万国博覧会は、じつはその二十年以上も前の私の提案からスタートしています。「上海革命委員会」（といっても実際は市役所のようなもの）に招かれ、「何か上海発展のアイデアはないか」と訊かれたとき、「万国博覧会をやるのもいいと思いますよ」と奨めました。

いま思うと、その席には後の国家主席・江沢民《こうたくみん》もいたのではないかと思います。というのも、彼は当時、上海閥のボスだったからです。

「万国博覧会というのは普通のイベントじゃないんですよ」と前置きしてから、「万博条約に従って開かれるものですから、国同士の交渉を行わなくてはなりません。その代わり、万博を開催すると、外国人が大勢押し寄せますから、入場料だけでもかなりの額の収入になります。世界中からカネが取れるということです。それは中国の国際化と発展につながります。万博開催を機に社会インフラの整備もしたらいいと思います。日本の新幹線のような高速鉄道を敷設するのもいいと思いますよ」と話しました。

じっさい、上海から北京までの新幹線（京《けい》滬《こ》高速鉄道《こうそくてつどう》）は万博の二年前の二〇〇八年に着工され、万博の開催時に一部路線が開通しています。

そして、上海万博がいよいよ動き出すと、日本からたくさんの人が「万博のノウハウは私が教えてあげましょう」と上海へゆきました。が、その人たちの大部分は日本では評判を落としました。

まず日本国民をよく説得してからでないと、板ばさみの苦労をすることになります。

第四章

いまこそ新々・文化産業論を！

『住宅産業論』『新・文化産業論』はこうして生まれた

長銀の行員でいながら初めての著書を出したのは一九七〇年のことでした。前章で触れた調査部社会ユニット副長をしているときのことです。日経新書の中の一冊として刊行された『デベロッパー〜住宅から都市産業へ』がそれです。

それから六年後の七六年に東洋経済新報社から出したのが『住宅産業』。

いまでこそ、「住宅産業」といわれても何の違和感もないと思いますが、この本が出たときは「エッ、住宅産業？　何、それ？」とヘンな顔をされたものでした。というのも、当時の建設会社というのはビルや工場、橋などをつくっていて、われわれが住む住宅は町の工務店や大工さんが建てるのが普通だったからです。「住宅産業」という概念はまだ確立されていなかったのです。

衣食住はわれわれ人間の暮らしの基礎にあるものですから、その中の一つである「住」にかかわる産業論は重要だと思っていました。

さらに、その二年後の七八年に世に問うたのが『新・文化産業論』です。この本は、当時としてはかなりのベストセラーになり、第一回の「サントリー学芸賞」を受賞しました。

昨年（二〇一七年）お亡くなりになった渡部昇一さんは私との共著『日本人への遺言』（李白社／徳間書店）で、次のようにお書きくださいました。

初めて日下さんの存在を認識したのは、かの有名な「産業の川上と川下」についての御著書『新・文化産業論』を読んだ時である。そのころまで私は――そして日本の多くの人も、と思われる――産業では製鉄や重工業のようないわゆる基幹産業が重要であると思っていた。日下さんはそれを〝川上産業〟であると言い、〝川下〟に当たる消費関係のものをもっと重視すべきであると論じておられた。（中略）

この時から日下さんを天才的な人だと思うようになった。こう感じたのは私だけでなく竹村健一さんも同じように日下さんを見ていた。それで竹村さんの番組（フジテレビの「世相を斬る」）でもしばしば日下さんといっしょになる機会があった。……

過褒《かほう》ともいうべきお言葉で、こうして書き写しながらも、どこかこそばゆくなってきますが、渡部さんとの佳《よ》き思い出のためにあえて記録として残しておきたいと思います。

＊

以上の三冊は銀行員として給料をもらいながら書いた本ですから、もちろん業務時間中に執筆するなどということはありませんでした。朝早く起き、頭の冴《さ》えているうちに原稿用紙に向かうとか、締め切りが迫ってくれば仲間内の付き合いをちょっと遠慮させてもらって夕食後の時間を執筆に充《あ》てるとか、あるいは出張で列車に乗って移動するときメモを書きつけるとか、時間はいくらでもつくり出せました。

若い読者で、本業以外のことに興味をもたれた場合は、以上に述べたような要領で「自分の時間」をもつことをお奨めします。その気になりさえすれば、時間というものは生み出すことができます。

私の場合は、「住宅産業」とか「川下産業」とか、自分が着目したテーマが次から次へと浮かんできましたので、大げさではなく『住宅産業論』も『新・文化産業論』も自然にスラスラ書けてしまったという感があります。

「川下産業」＝「ハート型産業」が日本を救うという直観

『新・文化産業論』を書いたのは、七三年の第一次オイルショックがまだ尾を引いていて、日本がゼロ成長のどん底にあったときでした。そのとき私は、これまでどおりに重厚長大型の産業に依存していたのでは日本の未来はないと直観的に思いました。確かに新しい産業を探すのはまことに心細く頼りない気もしましたが、それが経済成熟国のたどる必然の道であるなら、そのコースを探らなければいけない。そうした思いで書き進めました。『新・文化産業論』は私の処女作といってもいいくらい懐かしい本ですので、そのあたりのくだりを少し引いておきましょう。

打ちつづく不況の中で川上産業は過剰設備に苦しみ、人員整理に手をつけ始めている。しかし、川下産業はこれまでの遅れを取り返すかのように設備投資や人員の大量採用を進めている。学生の人気も後者に圧倒的であり、その限りでは日本産業の重心は着実に川下へと移行を始めている。この事実を直視し、それを前向きに把《とら》える試みがもっとなされてもいいのではないだろうか。

私が属していた長期信用銀行は主として重化学工業、つまり「川上産業」を育成・援護するための銀行でしたから、私が「川下産業論」を出すと、「こんなことを書いていていいんですか?」と言う人がいました。そこで私が「日本が発展するために重工業の次はどうするんですか? 日本経済は重工業の後は考えないんですか?」と訊くと、黙り込んでしまいました。

「川下産業論」を推し進めるとき、一つのヒントになったのは経済評論家・坂本二郎氏が打ち出した「第四次産業」という概念でした。周知のように経済学では——、

●第一次産業（農業や漁業を中心とする自然採取産業）

●第二次産業（工業を中心とする自然加工産業）

●第三次産業（商業や交通、公務その他のサービス産業）

といった具合に、産業を三つに分類します。坂本氏は最後の第三次産業のさらなる細分化を提唱したのです。

坂本二郎は、第三次産業を筋肉的なものと頭脳的なものに二分し、頭脳的なものを「第四次産業」と呼ぶよう提案したことがある。その後、通産省を中心として、「日本経済の知識情報化」として論じられたものは、この第四次産業的部分をさすものかと思われる。

ところで、日本経済の知識情報化は現在も進行中だが、特に華やかな発展をみせ始めている産業をより子細に観察すると、それは知識情報化というよりは情緒満足型、または情緒表現型という感が強い。そうした意味で、筋肉型、頭脳型のほかにもうひとつハート型をつけ加え、これを「第五次産業」と呼んでみたい気がする。（中略）

そうした目で日本の現状を見直すと、日本の国民が好きで一生懸命なものとしては、マンガ、音楽、勉強、おけいこ、ゲーム、食事、アパレル、旅行、テレビ等々が思いつかれる。そしてそれらは自然に輸出競争力を身につけつつある。

生活する喜びや生き甲斐の追求に関する経済行為が主流となっている現在の目から見ると、取り立てて斬新とは感じられないかもしれませんが、いまから四一年前の一九七八年の時点で、「川下産業」ないし「ハート型産業」の将来性に着目したのは注目されました。

「文化産業」の萌芽は戦後日本の「ドレメ・ブーム」にあった

このように、人のあまり気づいていないファクターに着目して新しい方向性を打ち出すのも直観力によるアプローチです。

私が『新・文化産業論』を構想するとき、まず頭に浮かんだのは戦後の「ドレメ・ブーム」でした。

大正末年からあった品川区の杉野学園経営の「ドレスメーカー女学院（その後ドレスメーカー学院に改称）」が戦後間もなく再開されると、兵庫県芦屋市に「田中千代学園」というファッション・カレッジができ、新宿には「文化服装学院」がオープンしました。そして、一挙に「ドレメ・ブーム」がやってきました。

その背景にあったのは、「いい服を着たい。新しいドレスも着たい。でも、値段は高い」と悩んでいた女性たちの心理をうまくキャッチしたドレスメーカー女学院のソフト戦略でした。創設者の杉野芳子さんは「いい服を着たいなら自分でつくってしまえばいいでしょう。デザインも生地《きじ》も自分で工夫したら愉しさも倍になります。しかも、安上がりですよ」

と、そういって女性たちの心を一気に捉えたのです。
米国の歴史学者ジョン・ダワーの『敗北を抱きしめて』（岩波書店）にも、こう記されています。

西洋風の服を作る技術は、実用性の点で魅力的であっただけでなく、戦争中の味気ない不自由さや西洋排斥の風潮からの解放を象徴するものでもあった。洋裁学校やファッション雑誌や各種のスタイルブックが、廃墟のただなかで花と開いた。一九四六年はじめ、デザイナーの杉野芳子がいわゆる「ドレメ」（「ドレスメーカー女学院」）を再開しようと決意したとき、用意した願書はたったの三〇枚であった。ところが入学受付の初日、校門の外には寒い中、千数百人もの女性たちが列を作ってじっと待っていたのである。これには杉野もびっくり仰天したという。その後、こうしたチェーンスクールが全国にいくつもできた。アメリカの女性を思わせる、色鮮やかで肩口の広い「ボールド・ルック」が、ファッションにひたる余裕のある女性にとっては流行に、余裕のない女性にとっては憧れの的となった。

かくして日本の主要都市には雨後のタケノコのごとく洋裁学校ができました。それは通産省や経団連が褒めるような商売ではありません。しかし、大当たりしたのは事実です。とりわけ、東京の女性たちは品川区のドレメか新宿の文化服装学院か、二つのうちどちらかへ押しかけました。

前述したとおり、私は東大時代「教養学部新聞」に入っていましたから、文化服装学院の門の前へ行ったことがあります。東大生が文化服装学院でダンス・パーティーの券を売りに行ったところ、女の子たちに大いにモテていると聞いたから、その取材に行ったのです。そして、そこへ通う女性たちはいったい何を考えているのか、その声を聞いて上に述べたような風潮を知りました。

ひらめきに富んでいた大沼淳、森英恵

私が向島の料亭で一緒に「おどるポンポコリン」を歌い、踊った大沼淳さんはその文化服装学院を経営する文化学園の理事長です。「類は友を呼ぶ」という言葉があるように、大沼さんも直観の人、ひらめきの人です。

私の二歳上で、戦前の超エリート校・海軍兵学校へ入学しています（第七十六期）。戦後は人事院の事務官に採用され、文部省担当となりますが、三十歳少し前のとき、洋装学校の「並木学園」が倒産しそうだというので、そこへ乗り込んで理事長に就任したというキャリアの持ち主です。

並木学園の引き受け手がなかなか見つからなかったので、人事院を辞めて学園再生に賭けたのだろうと思いますが、大沼さんは新宿に当時としてはきわめて斬新な丸い形のビルを建て、世間をアッといわせました。その後も、並木学園を「文化学園」に衣替えすると、経営の才を発揮して文化服装学院の事業を拡大するとともに、学校のチェーン展開もしています。

大沼さんは「センスがあって賢い女性はそんなに多くはいないものです」と言っていましたから、結局は文化服装学院の授業料で儲けた、言い換えれば頭数で儲けたといえましょう。

高度経済成長の時代に入ると、アパレル・メーカーや衣料品のスーパーマーケットがどんどんできるようになります。そうした会社の入社試験を受けるとき、「文化服装学院卒」というのは一つの信用になりました。したがって、少子化の時代を迎えるようになっても学生数はさほど落ち込みません。男子学生を受け入れるようにしたのも先見の明があったと評すべきです。

品川区の「ドレスメーカー学院」、芦屋の「田中千代学園」、新宿の「文化服装学院」といえば、銀座の「ハナヱ・モリ」も落とすわけにはいきません。

＊

『新・文化産業論』を出した直後ですから、七〇年代の後半のことでした。ある人が「日下さんが森英恵さんと面識がないとは何事だ」と言って、森ご夫妻との食事の席をセッティングしてくれました。

森英恵さんのご主人は森賢《もりけん》さんといって、元陸軍主計少佐です。食事の席での話によれば——戦争中の陸軍には「格好のいい軍服をつくったらどうか？」という動きがあったそうです。当時のことですから、同盟国であるナチス・ドイツの制服のようなものを考えていたのでしょう。陸軍主計少佐だった森賢さんもそうした一人で、勤労動員の女学生たちと制服のプランを練ったといいます。そのとき、森主計少佐の目に止まったのが英恵さんでした。「陸軍時代、私は才能のありそうな女学生をいろいろ見てきましたが、『これぞ！』というのはやはり彼女しかいませんでした。彼女に比べると、他の子は何かが欠けていました」と言っていたのが印象に残っています。

戦後しばらくして、元主計少佐は学徒動員で見初《みそ》めた英恵さんと結婚。英恵さんは彼の家業であった繊維会社で働きながら品川区の「ドレスメーカー女学院」に通い、昭和二十六年、新宿東口に洋裁店を開いています。ご主人の森さんは「彼女一人の才能にぶら下がって、私も今日を築いたというわけです」と言っておられました。

洋装店を開いた森英恵さんは、一九五〇年代の日本映画全盛期に映画の衣装の分野に進出、「太陽の季節」や「彼岸花」、「秋刀魚《さんま》の味」等々の衣装を手掛けています。それと並行して銀座にブティック「ハナヱ・モリ」をオープンして、ご自分のブランドを確立しています。じつに目端《めはし》の利く女性だったのです。

森さんは、ドレスメーカー学院や文化服装学院のような洋裁学校をつくるのではなく〝ブランド屋〟で食っていくほうがメリットがあるし、また〝伸びしろ〟もあると判断したのでしょう。じっさい、「ハナヱ・モリ」のブランドはニューヨークでも成功を収めました。蝶をモチーフにしたエレガントなドレスが大いに受け、「マダム・バタフライ」と呼ばれて一躍ファッション界の寵児《ちょうじ》となったのはご存じのとおりです。それを皮切りに、パリやローマにまで進出しています。

文化産業は「製品」の価値だけでなく顧客の「欲求充足」を忘れてはならない

アメリカの経営学者ピーター・ドラッカー（生まれはオーストリアのウィーン）は『マネジメント～課題、責任、実践』（ダイヤモンド社）の中で、こう書いています。

一〇代の少女にとって、靴の価値はファッションにある。はやっていなければならない。価格は二の次であって、耐久性などまったく意味がない。ところが数年経って母親になると、ファッションが絶対ではなくなる。流行遅れは買わない。しかし、重視するのは耐久性、価格、はき心地である。一〇代の女の子にとって価値のあるものが、その姉には価値がない。何を価値とするかは、顧客だけが答えられる複雑な問題である。

まったくドラッカーの指摘するとおりです。われわれ消費者が買っているのは「製品」そのものではありません。われわれが買っているのは「欲求の充足」なのです。

私も四十年前の『新・文化産業論』で、こう書いています。

流行遅れ、あるいは季節はずれ等の原因により、記号としての意味に価値がなくなれば、それはただちに原価に関係なく二束三文で処分される。自動車も年式が落ちれば半値になるところをみれば、自動車産業の新車の売上高約四兆円【注・当時】の半分は〝文化的記号〟の販売高で機械としての売上げは半分しかないといえよう。

機械としての価値だけでいえば、いくら年式が落ちたとしても、中古車の価値が半分になるはずがありません。いまの車は高性能ですから、何年たっても立派に走ります。「製品」としてなら、十二分の価値があります。ところが、流行とかボディタイプ、あるいは装備といった面での「欲求充足」を考慮に入れると、何年かたった車の価値はグンと下がってしまうのです。そこに「文化産業」のキモがあります。

私はいい車を乗り回す誇らしさを「いい馬を手に入れた戦国武将」や「美人のガール・フレンドを一緒に連れて歩く得意さ」に譬えましたが（第二章で指摘した「アナロジー」の思考です）、文化産業というものはその国その国の文化的風土、国民性、時代と流行……その他もろもろの要素によって異なってくるのです。

自動車をめぐる独・米・日の〝お国事情〟

文化産業の多様性の一例として、『新・文化産業論』では有名なかぶと虫型のフォルクス・ワーゲンを挙げました。設計者は――、

その基本理念をヒットラーと相談して次のように決定したが、それには一九三三年当時のドイツの国情や将来計画がみごとに織りこまれている。

㈠　最高時速一〇〇キロメートルで走れること。
㈡　一〇〇キロメートルを走るガソリン消費量は七リットル以下であること。
㈢　四人～五人乗りであること。
㈣　空冷とすること。
㈤　価格は一〇〇〇マルク以下とすること。

五つの基本理念には、それぞれ理由がありました。

㈠の「時速一〇〇キロ」というのは、ヒットラーが建設を予定していたアウトバーン（高速道路）を走行することを想定していた。

㈡の「燃費」は、産油国ではないドイツではガソリン代が高かったからです。

㈢の「四人～五人乗り」というのは、家族でドライブができるように、という配慮からでした。

㈣の「空冷式」は、主たる購買層と見られた医師たちが緊急に往診するとき、エンジンがすぐ暖まり、トラブルにみまわれることがないようにと、気遣ってのことでした。

㈤の「一〇〇〇マルク」以下は、給料のそれほど高くない労働者階級でもどうにか買えるようにという目標値です。

＊

しかし、アメリカではこのかぶと虫型フォルクス・ワーゲンはあまり売れませんでした。なぜなら、アメリカで男が乗り回すのはロールスロイスやキャデラックといった大きなアメ車でなければならないという固定観念があったからです。

アメリカの男たちはみな「サクセス」をめざしています。家族も大黒柱の成功を期待している。そうした空気がある中では、近所の手前もあって、みすぼらしい車には乗れません。成功を証明するのは大きな自動車です。図体がでかくて、ズシッと重い自動車。もちろん値段は高いけれども、それがステータス・シンボルになります。〝アメリカン・ドリーム〟の国である米国にあって、自動車というのはそういう商品なのです。

それを象徴するようなエピソードがあります。確かフォードニ世だったと思いますが、部下たちに「新型フォードを開発せよ」と命令した。「できました、完成しました」というので、フォードニ世が新型車のドアを開けて、閉めたところ、ペチャンという音がした。そこで、フォードニ世は烈火のごとく怒ったといいます。「フォードは男が乗る車である。夜、近所の人が寝静まったとき、家の主人が帰ってきた。そのときのドアの響きはズシンでなければならない。ペチャンではダメだ。全部、最初からやり直せ!」と命じたという話です。

アメリカはそういう国ですから、いくら安くて性能がよくても、かぶと虫型フォルクス・ワーゲンはあまり売れませんでした。それを買ったのは大学の助教授や学生たちだったそうです。言い換えれば、金持ちではないけれども理屈はよく分かる人たちです。そのため、アメリカでかぶと虫型のフォルクス・ワーゲンに乗っているのはアタマのいい人たち、知識人層だ、というイメージが広がったと聞いたことがあります。

一つの自動車が売れる理由にしても、その背景にはいろいろな事情や条件があるのです。それはその国の文化的風土によりますから、この世の中に「これこそがいちばんいい車だ」という公式などないと知るべきです。

＊

では、日本はどうでしょう？

道が狭いから小型車が主流になったのは周知のとおりです。しかし、小型車だから文化的ではない、好まれない、アメ車には勝てないということはありません。

私が子供のころから自動車好きだったことは前にも述べましたが、そんな私であるからこそ、『新・文化産業論』では、㈠ドアの開閉音が静かで、㈡外へ開くドアではなく障子ふすま式のスライディング・ドアの、㈢内部空間のゆったりした文化的なファミリー・カーを提唱しました。

当時、それに賛成してくれた著名人・文化人はほとんどいませんでしたが、しばらくすると、無名の庶民がそんな車を百万台、二百万台……と、買うようになりました。

通産省の役人も自動車メーカーを指導するとき、内部文書に「文化的な自動車の開発を促《うなが》すこと」などと書かれているはずがありませんから、そうした指導はしない。しかし、日本の自動車メーカーが「売れる自動車」をつくろうとすると、おのずからそれは燃費がよくてデザインも秀れ、音も静かで、色つやのいい文化的な自動車になります。そして、色にも形にもうるさい庶民がそれを支持するのです。

私は、文化が自然に身に付いている日本人は「庶民」だと思っています。文化程度の非常に高かった江戸時代三百年を生きてきた日本の庶民は、生まれながらにして文化を身に付けているからです。したがって、日本の庶民こそ文化人である、と言い続けてきました。

ここで、庶民の生活態度をまとめておきましょう。

(一) ものごとを合理的に考え、けっして僥倖《ぎょうこう》を当てにしない。
(二) 一つのことに拘泥《こうでい》せず、融通無碍《ゆうずうむげ》なところがある。
(三) 前向きで経済的な生活を好む。
(四) 長いものに巻かれやすいが、時として辛辣《しんらつ》な見方もする。

そうした庶民が選んだ自動車ですから、アメリカでも日本の小型車がだんだん普及するようになりました。とくに、アメリカの女性たちの間で人気が出ました。小型車のため、スーパーマーケットの駐車場などに出入りするとき、ぶっつけたり、擦ったりする心配がない。小回りが利くから、買い物に利用したり、子供の送り迎えに使ったりする。故障がないなど、日本車は「女性にとっての実用車」という地位を確立したのです。

しかも、前にもいったように色つやがよく、オシャレである。車の色つやにまで気を配る民族は日本人ぐらいのものでしょう。そういうところにも、日本独自の文化が現われています。

「考えるヒント」はあちこちに転がっている

自動車をめぐる以上のような文化産業論を私が自信をもって書いてきた背景には、一九六〇年代のホンダのバイク・ブームがありました。それは長銀調査部に所属していた時期と重なります。

ホンダのバイクにまたがった当時の若者たちは「結局はカノジョを後ろに乗せて走りたいんです。でも、それがなかなかうまくいかない。誘うんだけれど、すぐには後ろに乗ってくれません」と言っていました。そのころの私は三十代でしたから、彼らもしゃべりやすかったのでしょう。一人の青年がこんなことを言っていました。「キスの一つもしてカノジョを家まで送り届けるんだけど、家の人は出て来ませんね。これが四輪車だったら、向こうの家の人も飛び出して来るんでしょうが、二輪車じゃ……ちょっとムリですね」と。

それを聞いて、私は「ハハーン」と思いました。これからは小じゃれた四輪の時代になるぞと、直観したのです。徐々にではありますが、当時の日本も豊かになりつつありましたから、必ずや、バイクの時代からちょっとシャレた車の時代に〝離陸〟するはずだと思ったのです。そうしたことはアンケート調査などしなくても分かります。

「着眼」とは、そういうものなのです。

車社会がどうなるかなんて、そんなことは町のアンチャンにちょっと訊けばすぐ分かるのに、理屈や調査データだけで社会の行方を読もうとするから、予想を外してしまうのです。

数字とかデータというものはそもそも人をだますようにつくってあると心すべきです。そんなものを見るヒマがあったら、人間を見るとか、生きた取引を見るとか、そういうことに努めなければいけません。

直観力を磨くには、いろいろな方法がありますが、いくつか、注意すべきポイントを挙げておけば、次のようになります。

■教科書の知識よりも実体験で得た知恵が役に立つ。
■自由な勉強態度が大事である。
■一つの問題について縦から横から考える習慣をつける。
■自分の手作りの情報が貴重である。
■知識や理論は必要になったときに自分で学べばいい。
■権威に左右されてはいけない。
■教条主義者になってはいけない。
■友人との会話は貴重である。
■放心の時間も重要である。

そして、常に感度のいいアンテナを張っておくことです。

おかげでトヨタの新車開発チームの人が何人も連れだって私のところへ話を聞きに来るようになり、とてもいい勉強になりました。その一つは、トヨタの人は値段を安くすることに必死だということで、それはトヨタというよりは日本市場の特徴でした。その後、日本がアメリカ市場への輸出を目指したとき、アメリカを知ることが先だ――と考えたのは、そんなことが原因でした。自動車ばかりを見ていてはいけないのです。

ホンダの人が、アメリカ進出を目指してアメリカのシンクタンクに市場調査を依頼したときの話をしてくれました。先方のレポートは高価で結論は「ホンダの四輪はアメリカでは売れないからやめたほうがよい」というもので、それを裏づけるデータや市場調査がたくさんついていたが、散会後、日本側だけで集まると「しかし四輪をやろう。私がやる」で全員一致だったそうです。地元のオハイオもやろうと言うので、やってみたところ結果は大成功！　という話で、リサーチだの理由づけより「やる気」が一番大事だと教えてくれました。

この話では、①アメリカ側の日本軽視と、②日本側のデータ軽視と、③やる気重視を感じました。

直観力には、それが全部入っています。

第五章

シンクタンクから大学まで「直観力」で他流試合

「ウィルソン研究所」研究員として見た八〇年代アメリカの荒廃

長銀から「ウィルソン大統領記念研究所」の客員研究員（フェロー）としてアメリカに渡ったのは一九八四年、長銀の取締役（業務開発部担当）に就任した翌年のことでした。

ウィルソン研究所とは、米国の第二十八代大統領「ウッドロウ・ウィルソンの理念と懸念を記憶にとどめるべく、（中略）国内および世界の政策と学術に関わる多様な人びとの間に研究と学術討論と協力を促進すること」（ホームページより）を目的に設立されたシンクタンクで、本部センターはワシントンにあります。

私がウィルソン研究所に行くことになったのは、研究所が全米を飛び回っている長銀の駐在員に、「給料はわれわれが出してもいいから長銀に誰かいないか」と依頼したのがキッカケでした。そこで「日下という変わった男がいるから、彼を招いたらどうか」と、私を推挙したのです。そこで研究所員が一人、日本へやって来て私を面接し、「まあ、いいだろう」ということになったのです。私は家内を伴って赴任しました。

アメリカへ行ってまず感じたのは、彼の地《かち》では自己PRをしなければ生きていけないということでした。自己宣伝のやり方はいろいろあるでしょうが、何かを発表するときは、事前に発表内容をコピーして二十部ぐらいを関係各所に配っておくことが大事でした。自分の意見の〝著作権〟を確立しておくためです。そうすれば、誰かがそれをマネしたら、「あっ、××のアイデアを盗んだ」と、みんなにすぐにバレます。

アメリカ人は研究好きで、議論好きです。しかし、みな、アイデア不足に悩んでいるようでした。あの手この手を使ってアイデア不足を埋めようとしているのが分かりました。だからこそ、当時のアメリカでは「これはおれのアイデアだ」ということを明確にしておく必要があったのです。

それからしばらくすると、アメリカではアイデアが売れる、買う人がいる、ということにも気づきました。いったん売ってしまえば、そのアイデアは買った人のものになりますが、売った人にはお金が入る。〝アイデア販売業〟とでも名づけるべき商売まで成り立っているのには少々驚かされたものでした。

研究所の所員には時々講演をする義務があります。「来月の講演のテーマは何にします?」と訊かれたとき、私は「日本問題をやりましょう」と即答しました。当時はレーガン大統領と中曽根（康弘）首相との「ロン・ヤス」関係で、日本に対する関心が高まっていたからです。

講演のスピーカーとテーマが決まると、研究所は三千枚ぐらい通知を出します。著名な研究者や各国の大使館あるいは外郭団体などに、「来月は日本からの客員研究員キミンド・クサカが『日米関係の今後』についてスピーチします」と通知します。私が意外に思ったのは講演に際して入場料を取ることでした。十ドルだったか、もう忘れてしまいましたが、集まった人たちからなにがしかの入場料を徴収する。それをスピーカーに講演料としてわたすのです。

自分がしゃべったことへの対価ですから、じつにスッキリしています。日本では主催者がいて、「講演料はおれが出した」という顔をしていますから、私のような講演者は〝雇われスピーカー〟になってしまいますが、ウィルソン研究所のようなやり方をすれば、こちらも主催者に頭を下げずに済みます。日本でもそうしたらいいように思います。

講演はもちろん英語です。といっても、スラスラはしゃべれませんから、前もってウンウン唸《うな》りながら英語の草稿を準備しておきます。すると、向こうの人たちは「サルでも英語をしゃべる」なんていいたそうな顔をして聞いているので、私は「うるせえ、おめえらより、こっちのほうがよっぽど賢いんだぞ」と言ってやりたくなりました。

ここが大事なのです。

アメリカで生きていくには「おめえらよりおれのほうがよほど賢いのだ」というフリをしていないといけません。そうでないと、ナメられてしまいます。ところが、日本人はそうした演技ができずに、いつもペコペコしているから軽く見られてしまうのです。私みたいに威張ったフリをしていると、講演が終わった後、みんなが話しかけてきます。アメリカとはそういう国なのです。

＊

ウィルソン研究所にいたとき、もう一つ感じたことは「アメリカは落ち目だ」ということでした。

確かにレーガン大統領は、市場原理に基づいて社会保障費の削減と減税を行う自由主義経済政策「レーガノミックス」を推進し「強い米国」を実現しようとしていました。しかし、長く続いたベトナム戦争（一九五四年〜七五年）による後遺症は完全には拭いきれていませんでした。

研究所の講演で、私が「ベトナムなんかに深入りするから、大国アメリカがこんなになってしまったのだ」と言うと、聴衆はシュンとしていたのが印象的でした。彼らもアメリカの荒廃の原因は自分で分かっていたのです。

ワシントンの駅前は、かつてはチャイナ・タウンでしたが、私が着いたときは市街地開発事業によって取り壊されていたため、見渡す限りの原っぱでした。米国の首都の玄関口が閑散としていました。

もっとも、駅前から少し離れた丘のほうまで地下鉄を延長し、丘の上に高級住宅をポッポツ造成しているところでしたので、私はその近くに一軒を借りて家内と二人で住みました。

そう、こんなことがありました。

私は日本人の男ですから、ついつい一人で町へ出てしまいます。家にいるのは家内一人ですから、本当に危なかったことがあるのです。怪しげな男が玄関を通って家の中に入ろうとしていたというのです。それに気付いた家内が大声で〝Who are you?〟と誰何《すいか》すると、男は慌てて出て行ったそうですが、家内を一人にした私のほうが悪いので、そのときは「すまん、すまん」と謝りました。

ニューヨークの北の方、黒人が多く住んでいるブロンクス地区では男が自分の家に火を付けるという事件も起きました。保険金目当ての放火でしたが、その類焼であたり一帯が真っ黒コゲになっていました。その惨状を目撃したドイツ人は「何だ、これは？」と絶句して、自国のドレスデンなどの街がアメリカに空爆されて焼け野原になったのを思い出していたようです。

私も行ってみましたが、それはそれはひどい光景でした。しかも、保険会社や市役所の職員が調査に行ったところ、そのあたりにいた黒人に襲われ、市役所の職員が一人殺されたという話も耳にしました。

焼けただれた一帯の外では、黒人の子供たちが消火栓の栓を緩めたり抜いたりして、天高く噴水を飛ばし、その下で水浴びをしていました。

バスから降りると危険だというので、バスの窓から見ただけですが、八〇年代のアメリカはそれほど荒廃していました。それを思えば、いまのアメリカはよくぞ立ち直ったものだと思います。

そう考えると、現在のトランプ大統領のかなりトリッキーな政治も別にどうということもないのかなと思えてきます。

ソフト化経済センターで「新時代」の創造を育成

ウィルソン研究所から帰国すると、一九八四年十月、私は社団法人「ソフト化経済センター」（二〇〇五年十二月に解散）の専務理事に就任しました。そして、九三年からざっと十年間、理事長を務めましたが、ソフト化経済センターとはいかなるシンクタンクかといえば、私は次のように考えていました。

——私たちの生活の周りには「新時代」の創造をめざす先端的な動きや「次世代」を示唆する兆しがたくさん見受けられる。これらは、たとえ最初は小さな動きであっても、やがては社会や経済を変革する大きな変化につながる可能性を秘めている。そうした先端的な動きを捉え、その芽を育て上げる方法やヒントを提供していくシンクタンクである、と。

理事長時代、私はセンターの冊子に「自由奔放」と題するコラムを書いていましたので、そこからソフト化経済センターの活動の一端を察していただければ……と、二、三篇再録しておきます。

【お札の思い出】

新しいお札が発行されました【注・一万円札が福沢諭吉／五千円札が樋口一葉／千円札が野口英世という現行紙幣】。お札と言えば、銀行員時代を思い出します。

銀行では、時々日本銀行の検査があります。金庫の中を確認させろという訳ですね。事前に「何月何日検査に行きます」という手紙が来るんですが、それを受けとって開封し、上司に渡すのが当時の私の仕事でした。当時の長銀では「格好のいい重要な仕事」だと考えられていました。今から考えればバカバカしいですね。

ある日、手紙を受け取った私は、その手紙が本物かどうか心配になりました。「日本銀行総裁　◯野◯雄之印」なんてハンコが押してあるんですが、これが本物なのかどうか証明する手段が無い。まさか日銀に「印鑑証明をつけてくれ」なんて言えませんしね。

そこで考えました。「印鑑証明が無くても大丈夫」だと。千円や一万円のお札には「日本銀行」のハンコがありますよね。それと照合したんです。ピッタリ同じでした。

そこで「印鑑照合済み」と書き添えて、上司に送りました。すぐに上司が「何と照合したんだ！」と言いましたが、お札を見せると、「ナニ！」と言われただけで、誉めてはもらえませんでした。

銀行員としてちゃんと仕事をしたのだから、少しは誉めてもらってもよかったんじゃないかと思いますよ。

まあ、お堅い組織の中では、こんなアイデアを出してみても、煙たがられてしまうだけなんでしょうね。


（二〇〇四年十一月五日）

【国民の逃避力】


テレビ局の人に「いつも同じタレントやキャスターばかり使うのは何故?・」と聞いた事があります。

すると、「もし視聴率が下がったら自分の責任になるから、必ず上がる人でないと交代させられない」と言っていました。そもそも自分はすぐ人事異動だから、そんな事は次の人に任せればいいんだそうです。非常に分かり易い回答ですね。

でもこんな事はどこにも書いてありません。なぜですかね。

それは、質問をすれば答えてくれるのに、ちゃんと質問をしていないからです。ボーっと暮らしているから、結果としていつも同じ番組を見させられています。

しかし、皆ボーっとしているかというと、必ずしもそうではありません。飽きてくればテレビを見ないという行動を起こします。結果として視聴率が下がり、新聞発行部数もどんどん落ちていきます。そしてその責任をとって幹部が辞めると、心有る人に出番が来ます。

「テレビを見ない」という行動が、このテレビ局をゆっくりと変えていくわけです。

この行動の源泉は、国民の逃げる力です。「逃避力」とでも言いましょうか、国民には逃げる力があります。

日本人は争いを好みません。何かあれば、穏やかにすーっといなくなる。これは行動による投票であるとも言えます。逃げる事で意思を表明するんです。

日本人の恐るべき底力は、「逃げの一点張り」なのかもしれませんね。(〇四年八月四日)

【看破力を持て!】

「人間はあまりに巨大なものは見えない、超長期は分からない」

心理学ではこう言われています。基本的に頭脳は生きていくためにあるのですから、人間だけでなく動物すべてが目の前のエサのことしかわかりません。ですから、あまりに巨大なものを目の前にすると思考停止になってしまいます。超長期なことも、説明されれば何となくそう思いますが、結局「自分には関係ない」となってしまいます。これは動物としては健全なことで、悪いことではありません。

しかし、それを悪用したのが政と官の一部の人です。国民は巨大なものは見えない、超長期は分からない。だから、彼らは「悪いことをするなら大きくやればいい」「インチキをするなら超長期でやればいい」と意識、無意識でやっています。インチキのノウハウがたくさんできています。

ですから、国民はそれを看破する力を持たなければいけません。

そのためには、以下の四つに着目するとよいと思います。

㈠　**動機で見る**

不純な動機で始めた仕事は、たいてい無理がありますから、やがてわかります。例えば「国民のため」と言っているが、本当の動機は「アメリカ追随」や「政権維持」など。

㈡　**結果で見る**

利用率のない物は無駄です。例えば道路。「地方の道路はタヌキしか通っていない、こんな道路は作るな」など。

(三) 関係者で見る

ビルダーばかり集まって、ユーザーが集まらない。ユーザーは実情を分かっています。失敗する事業にはかかわり合いたくありませんから、結局、関係者はビルダーばかりになります。

(四) 理論付けのインチキを見る

一番多いのは「大きめに作っておきなさい、お客は後から増えるから」という先行投資論です。長期予測はなかなか当たるものではないのに、三十年先を約束してお金を集めるのはインチキでしょう。年金など。

インチキのノウハウに対する看破のノウハウが必要です。また、再発防止のためには必要最小限の責任追及もしたほうがよいでしょう。私たちは巨大すぎるもの、超長期的なものに出会ったときに思考停止にならないよう、自らを訓練しなくてはなりません。

（〇三年十二月一日）

アトランダムに引用したコラムですが、だいたいのニュアンスはお分かりいただけたのではないでしょうか。

新しい目をもって世の中を見て欲しい。そうすれば、これまで「当然」としてきたことを疑問に思い、フレッシュなアイデアが湧いてくるかもしれない。経済の分野を中心に、そうした活動のヒントを提供していく。それがソフト化経済センターの狙いでした。

新設・多摩大学の教授も兼任した

ソフト化経済センターの理事長を務めたのとほぼ同時期、私は多摩大学の経済学部教授および大学院の教授も兼任しました。

多摩大学に誘ってくれたのは当時の学長・野田一夫さんと、経営情報学部長で後に二代目学長となる中村秀一郎さんのお二人でした。中村さんは向島の料亭で一緒に「おどるポンポコリン」を楽しんだ盟友です。

お誘いを受けた瞬間はちょっと迷いましたが、私がシンパシーを感じているお二人が多摩大学でどんなことをやるのか、そこに興味もありましたので、教授就任を引き受けました。年号が「昭和」から「平成」に改まった一九八九年のことでした。

多摩大学もその年に創立されています。

当時は新しい大学がとにかくたくさん創設された時期でした。八〇年代後半から九〇年代前半にかけて十八歳人口がピークを迎えたことが一つ、もう一つ「大学全入時代」という風潮もあり、文部省はどんどん新設許可を出していました。もちろん、文部省の役人たちにすれば、「ゆくゆくは自分たちの天下りのポストを確保するため」という腹づもりもあったことでしょう。

いまでもよく覚えているのは、新設大学の学長や学部長、教授たちを集めて、文部省の人が挨拶をしたときのことです。その人は局長の一つ下ぐらいのキャリアでした。

文部省　みなさん、新しい大学ができて、大変おめでとうございます。ただ、非常に言いにくいことですが、これから大学は〝冬の時代〟を迎えることになるでしょう。私たちが許可を出したため大学は増えましたが、子供の数はだんだん減っていくからです。そんな中で黒字を出していくのは大変です。お困りになられたときは相談にいらっしゃってください。

すると、野田一夫さんが手を上げて言いました。

野田学長　相談に行ったら、何をいただけますか？　文部省がくれるものといったら、予算と人、それだけではありませんか？　予算は決まっていますから、どうせもらえるものしかいただけない。後は自分で稼げ、です。人はくれるでしょうが、それは天下りです。そんなものは要りません。

文部省　いやいや、もしもお困りのことができたら、相談に応じますと申し上げたのです。

野田学長　ご安心ください。わが多摩大学はいっさい相談にはうかがいません。潰れるときは自分でちゃんと潰れますから。

これは名言です。また、野田学長はそういう人なのです。どこの新設大学もみなそれくらいの覚悟でやっていけばいい学校になるのに……と、野田さんの発言に感心しつつも、正直なところを記せば、「エラい人の誘いに乗っちゃったナ」とも感じていました。

畏友・野田一夫、中村秀一郎の「人」と「先見性」

野田一夫さんは私より三歳上の経営学者です。

東大文学部社会学科を出たあと、立教大学の教授（経営概論など）になりますが、いわゆる「学者」の枠に収まりきれない傑物です。千代田区平河町の「平河町クラブ」以下、都心に次々と開いたクラブ形式のサロンは志を同じくする経営者や学者の集いの場となっています。誰に対しても物怖じしない活動的なアイデアマンです。

雑誌「プレジデント」の二〇一五年二月十六日号に、いかにも野田さんらしいインタビュー記事、「師匠・野田一夫氏が開陳『孫正義君、澤田秀雄君はなぜ運がいいか』」が載っていますので、その一部を抜粋しておきます。

「出世する人の正念場の行動パターンは？」の質問に対して、僕の答えはたった一つ。「どんな場合も自らが正しいと信じた意見を表明し、それが誤りだった場合は、直ちにハッキリ謝り、進んで責任を取ること」だ。僕のこの意見に対しては、「主に大学の世界で生きてきた人だから……」という冷めた批判も十分覚悟している。しかしその方々に申し上げたい。「僕が推察する限り、日本の大学の世界の慣習も社会的雰囲気も一般に、産業界に比べれば遥かに不条理かつ陰湿に思われる。そのため僕はこれまで、とくに若い頃には、どれほど不愉快な目に遭い、不条理な扱いを受けたものか」と。

しかし、そのたびに僕には少数ながら頼もしい味方が必ず現れ、彼らは各界の素晴らしい友人・知人を進んで僕に紹介してくれた。そのお陰で、僕の交際範囲は年をとると

ともに急速に広がっていった。（中略）

そんな僕の事務所には、昔から大勢の年若い友人たちが遊びにくる。ある時期には、創業から間もないソフトバンクの孫正義君やエイチ・アイ・エスの澤田秀雄君、パソナグループの南部靖之君らが集っては、それぞれに大きな夢を語っていた。彼らはいまや、大成功を収めたカリスマ経営者であり、「出世した人」の最たるものだ。とはいえ当時は、どの会社も社員数人のレベルにすぎず、先の成功など見通せる状況にはなかった。それまでにもそれ以後も、挫折や苦労は絶えなかったはずだ。

たとえば孫君は、よく知られるように在日韓国人として、若い頃はたいへんな苦労をしたという。その彼がアメリカの大学を卒業してから、わざわざ日本へ戻り、日本で起業した。なぜシリコンバレーではなく日本なのかと問うと、彼は目をキラキラさせて「僕は日本が好きですから」と言うのである。

彼らには愚痴も陰口もない。思ったことを思ったとおりにストレートに述べて、腹蔵なく夢を追いかけた。そうやって成功した彼らは、ただ運がよかっただけだろうか。逆のことを考えてみよう。運が悪い人は、往々にして他人の言うことを是《ぜ》として、本来の自分を殺して生きている。これは大きなストレスだ。

自分が誤っていれば他人の忠言を聞き入れるべきだが、そうでなければ人の言うことなど聞く必要はない。場の空気を読んでばかりいると、自分を失い、悪運の連鎖にはまり込む。その点、孫君や澤田君たちは空気など読まない。自ら信じた道を行き、運を招きよせたのだ。（中略）

悔いなく自分に正直に生きれば、一〇〇％以上の力が発揮できるし、少数の強い味方が現れる。（中略）これこそが、大成功につながる行動パターンなのだと僕は言いたい。

いかがでしょう？　「野田一夫」がいかなる人物か、手に取るように分かるコメントではないでしょうか。

こういうストレートな人ですから、いろいろ痛快なエピソードを残しています。先ほどの「わが多摩大学は文部省にはご迷惑をおかけしません。潰れるときは自分でちゃんと潰れます」という発言もそうですが、東大時代にはこんな逸話も残しています。

経営学の教授がある本について「二十年かけて書かれた良書です」と紹介したところ、野田さんがパッと手を上げ、「二十年という時間に何の意味があるのでしょうか。一生かけてもいい本を書けない人もいるし、一年で書いてしまう人もいる。普通の人が三年で書くものを一年で書くことを教えるのが経営学ではないでしょうか」と、そう言って教授をギャフンといわせたというのです。

ついでに記しておけば、野田さんは「マネジメントの父」といわれるドラッカーの早い時期の紹介者の一人です。

＊

向島の「おどるポンポコリン」仲間の中村秀一郎さんは、慶應義塾大学の経済学部を卒業した後、静岡大学の助教授、専修大学経済学部の教授を歴任し、多摩大学経営情報学部長・教授に就任すると、野田さんの後を受けて多摩大学の二代目学長に就任しました。野田さんとともに私を多摩大に誘ってくださったことはすでに記したとおりです。

こう書いただけでは、「アイデア教授」と呼ばれた中村さんの先見性は伝わるはずもありませんが、日本における中小企業研究の第一人者であり、また「ベンチャー企業」という名称の命名者であるといえば少しはイメージが湧いてくると思います。

中村さんが登場するまでの「企業論」は、近代的な大企業と前近代的な中小企業等を対比させるかたちで進められていました。そのとき中村さんは、大企業でもなく中小企業でもない「中堅企業」という存在を、実例をもって示したのです。それが『中堅企業論』（東洋経済新報社）でした。

『中堅企業論』が刊行された一九六四年当時、中小企業は大企業のように「規模の経済」を生かすことができないため、近代的な大企業に比較すると生産性が低く、経営面で劣位にあるとされていました。ところが、中村さんは実証研究を通じて、中小企業の中からその枠を超えて成長する企業が多く生まれていることを発見し、そうした企業を「中堅企業」と名づけたのです。

『中堅企業論』には中堅企業として一一二六社が取り上げられていますが、そのうちの八六社（！）が後に大企業となっています。主な会社としては、パイオニア、村田製作所、オンワード樫山、イトーヨーカ堂……があります。

また、元法政大学総長の清成忠男《きよなりただお》氏とともにつくり上げたのが「ベンチャー企業」「ベンチャー・ビジネス」という概念です。「ベンチャー」というと、新規の起業を想定することが多いと思いますが、それだけでなく、既存の大企業が新たなジャンルに取り組むことも含んでいます。

ベンチャー企業には次のような期待が寄せられています。

㈠ 新たな市場分野の開拓。

(二) 新規の雇用の創出。
(三) 新たな技術やビジネスモデルの創出。

じつをいえば、こうした新しいジャンルの開発は、私が理事長を務めていたソフト化経済センターの狙いでもありました。

多摩大における「日下教授」の講義内容

さて、多摩大の教授に就任するに当たって、文部省への手続きは大学の事務局がみなやってくれましたので、大学で教える資格を得ることができました。

私の講義は大教室が満員ということもありましたが、小さな教室でみっちり行う場合もありました。講義の内容はどんなものであったかというと、主だったテーマとしては「アカデミズムよりプラグマティズム」を掲げました。

もちろん、毎年、同じことをしゃべったわけではありませんが、その骨子をかいつまんでお話しすれば、以下のようになります。

＊

アカデミズムからプラグマティズムへ転向した最先進国は日本である。「アカデミズム」というのは学問や芸術の理論を重んじる立場であり、「プラグマティズム」というのは知識や思索は道具にすぎず、行為や実践こそが重要だという立場である。もっとくだいていえば、いったい何の役に立つのか、いつ役に立つのか、それが分からないのがアカデミズムであり、何の役に立つか、その目的が見えているのがプラグマティズムである。

もっとも、この二つを分けて考える日本人は少ない。日本人はそもそもプラグマティズムの塊のような存在だからだ。

ところが明治以降、主にヨーロッパから近代合理主義が輸入され、進歩主義の信奉者が増えてくると、日本人でもプラグマティズムがまったく分からなくなってしまった人が多くなる。合理的でありさえすれば、世界中、どこへ行っても通用すると思うようになってしまったのである。

その象徴がグローバリズムである。しかし、グローバリズムを推し進めれば、地球がフラットで単一のまったく面白味のない世界になってしまう。それを喜ぶのは国籍や市場と無関係に拡大する企業、あるいは金融関係者だけである。

アカデミズムが幅を利かせるようになると、「東大教授だからエライ」とか、「東大を出ていない学者は格が低い」ということになる。あるいは、「細かく分解して事実を積み上げていく実証主義でなければ認めない」と言ったりして、結局は〝合理の罠《わな》〟に捉われてしまうのだ。

本当に教養があるというのはそういうことではない。真に教養ある人というのは「ストーリー」を組み立てられる人なのだ。少なくとも、私はそう思っている。

世界史の年号と出来事を覚えるだけだったら、知恵など要りはしない。忍耐があれば済む話だ。一所懸命に勉強して「教養が身についた」というのは、単に体に垢《あか》がついたようなものかもしれないのだ。「あの人はもの知りだ」という言い方があるが、その知識はもしかしたらインターネットで検索すれば出てくる程度のことにすぎないかもしれない。そうであれば、〝死んだ知識〟など一度すべて洗い流してしまったほうがいいのではないだろうか。

「ストーリー」の一例として、世界中で人気のある日本の化粧品を取り上げてみよう。日本の化粧品はなぜ高く評価されているのか？

まず、その奥にあるものを考えてみる。すると、日本人は清潔好きだということが指摘できる。さらに日本人は「美」を好む芸術的な心と伝統をもっている。しかも、そのレベルが高い。そうした文化に裏打ちされているから、日本の化粧品は高評価を得ているのであろう。

このように、奥へ奥へと、ストーリーを展開していくのが大切だ。

「日本の女性たちは江戸時代から、庶民までお化粧をしていたから化粧品も発達したのだ」と指摘する人はいるだろうが、そうした事実の奥にあるものをストーリーとして探っていかなければいけない。言い換えれば、「化粧品の奥には清潔好きがある。そのまた奥には健康がある。そして体の健康の奥には精神の健康を求める心がある」と、ここまで話を展開して初めて、なぜ日本の化粧品が世界中で求められ、中国のそれは売れないのかという理由が分かる。

知識や暗記が大事なのではない。データや統計も、それを見て、そこからどんなストーリーを組み立てられるかがカギになる。そのとき、マンガやアニメを通して鍛え上げられた日本人の「ストーリー力」が強みを発揮する。

ストーリー力を磨いていくと、そこに日本人の「情」と「意」が浮かび上がってくるだろう。その基盤の上に新しい「知」を築いていくことだ。そうすれば、そこには「知・情・意」の三拍子が揃った新しい日本人が生まれてくる。

「アカデミズムからプラグマティズムへ」という私のテーマは、そうした射程をもっているのである。

……と、まあ、そんなことが私の講義の骨子になっていました。

講義の中ではこんな話もしてみたことがあります。

王さまから「褒美《ほうび》をやるから、どちらでも好きなほうを選べ」と言われた人が大きくて重い箱のほうを選んだら中味はつまらないものだったという話は「アラビアン・ナイト」にも「舌切り雀」にも出てきます。どちらも「外見だけで評価するな」という教訓ですが、私は、中味が見えないのだから大きいほうを選ぶのは当然ではないかと考えます。質より量である。アレかコレかと悩むヒマがあったら、さっさとどちらかの箱をもらってしまえばいい。それがプラグマティズムの考え方です。さらにいえば、いいことをどんどん実行して再度、褒美をもらうのがプラグマティズムの極意です。

日本のプラグマティズム

プラグマティズムについて話を続ければ、日本には日本流のプラグマティズムがあるように思います。
あるアメリカの本にはこんな順位付けが書かれていました。
㈠　いちばん頭がいい人はプラグマティズムの世界に入ってどんどん実行する。富が得られるからだ。
㈡　その次に頭のいい人は学者か官僚になる。名誉が得られるからだ。
㈢　その次に頭がいい人は評論家になる。評価基準は〝手づくり〟なので多少の自己満足が得られるからだ。
㈣　その次に頭がいい人は検査役になる。人に嫌われはするけれど、実務を免れるメリットがあるからだ。
いかにも功利的なアメリカ人らしいプラグマティズムですが、日本のプラグマティズムはちょっと違います。それは〝ものづくり〟に根ざしているように思います。じっさい、日本にはものづくりの職人を尊敬してきた文化的風土があります。そして、その根底には熟練した職人がつくり出した気迫の籠もった〝もの〟に宿る霊性、そしてそれを感受する繊細さがあったといえます。
もう二十年ぐらい前のことですが、「大きくなったら何になりたいか？」という小学生に対するアンケート調査で、「大工さん」という答えが男子小学生のトップになったことがありました。いまでも「大工さん」はトップ10に入っているのではないでしょうか。

ですから、私は外国人と会ったとき、「お国では、将来就きたい職業に『大工』と答える小学生がいるでしょうか?」と訊いて回った時期があります。もちろん、答えは「NO」でした。

職人すなわち技術に秀でた人びとを尊敬する、国籍を超えて尊敬する、というのが日本人の昔もいまも変わらない史実です。

＊

いい例は、豊臣秀吉の二度目の朝鮮出征（慶長の役＝一五九七年〜九八年）から帰国する際、薩摩藩の勇将・島津義弘が半島から連れて来た朝鮮人の陶工たちをとても大事にしたことです。陶工たちは陶器の原料を薩摩の山野に求め、やがて薩摩の国名をかぶせた美しい焼物「薩摩焼」をつくり出します。

陶工たちは苗代川《なえしろがわ》（現・日置《ひおき》市《し》東市来《ひがしいちき》町《ちょう》美山《みやま》）に住まわされ、「沈《ちん》という姓を続けなさい。山奥の村の中で朝鮮そのままの生活を続けなさい」と命じられました。そして、士分を与えられ、屋敷に門を構え、塀をめぐらすことまで許されています。

そんな中から、天才と謳われた第十二代の沈寿官《ちんじゅかん》が現われ、薩摩焼を完成させたのです。この沈寿官は、薩摩藩の財政改革の過程で、薩摩焼の振興によって多大なる貢献を果たしています。さらにいえば、明治六年（一八七三年）には、日本を代表してオーストリアの「ウィーン万博」に六フィート（約一八〇センチ）の大きな花瓶一対を含む多くの作品を発表し、絶賛を浴びました。それ以来、ヨーロッパでは「サツマ」が日本陶器の代名詞になっています。

朝鮮の陶工たちの渡来には一部、強制連行のような要素もあったのかもしれませんが、彼らはともかくも幸せな暮らしは保証されていました。これを解釈すれば――「薩摩焼」を薩摩藩の特産品として全国へ売りさばくために、島津藩は苗代川という村を一種の〝秘密基地〟のようなものにしたわけですが、彼らを大事にしたこともまた事実でした。

いわば、当時の武家社会はすでに、儒者の自画自賛や空理空論など妄信しないレベルに達していて、武士たちもみずからの体制の中にプラグマティズムの社会を築き、温存し、尊重していたわけです。

ついでに記せば、作家の司馬遼太郎さんは苗代川を訪れ、第十四代の沈寿官を主人公にした「故郷忘じがたく候」を書いています。小説というより、エッセイのような短編です。

十四代が自分の生き方に迷っていると、父である十三代が彼を庭先に呼び、「わしの役目は息子をちゃわん屋にすることだ。おまえの役目もそれだけだ」という趣旨の話をしたと書かれています。虎のように山野を駆けめぐる人生もいいだろうが、与えられたこの場所で「ちゃわん屋」になり、薩摩焼をつくり続けるのがおまえの役目である、という説諭だったのでしょう。十四代はそう言われて肚《はら》が固まったといいます。

このあたりもじつに日本的というべきです。

大学院ではこんな講義をした

一九八九年に新設された多摩大学は、九三年に今度は大学院を設置しました。すると、大学院の事務局から「ハイ、日下先生の分も手続きしておきましたから、来月からは大学院へも教えに行ってください」と言われました。とはいえ、大学院で何を教えていいか分からないので、「大学院って何するところですか?」と率直に訊きました。「いいですから、お好きなことを教えてください」「そうですか、じゃあ、ぼくが教えたいことを教えます」

と言って、持論のようなものをしゃべることにしました。

たとえば、「消費者の購買行動を観察して、人間を五種類に分類することができる」といったような話をしたら院生たちは面白がってくれました。

たまには、おやじのようにラテン語の諺を教えたこともあります。――〝Abeunt studia《アベウント・ストゥディア・》 in mores《イン・モーレス》〟。これは帝政ローマ時代の詩人オウィディウスの有名な言葉です。「熱心に学ぶ姿勢はやがて習慣として定着する」といったほどの意味です。こんなラテン語の短い諺を覚えると、院生たちはどこかへ行ったとき、「アベウント・ストゥディア……」とやって、さも昔から知っているみたいに使えますから喜ばれました。

先に触れた「消費者の購買行動を観察して、人間を五種類に分類することができる」というのは、アメリカの社会学者エベレット・M・ロジャースの学説に基づく流行観察法ですから、院生たちも興味をもって聴講してくれました。

＊

ロジャースは、商品経済学の立場から消費者を五種類に分類しました。

第一群の人は「イノベーター」と呼ばれます。挑戦者、あるいは革新者です。このグループは全体の二・五％前後いる。四十人に一人といったところです。

第二群の人は「アーリー・アダプター」。初期採用者といったほどの意味で、これが全体の一三・五%。

第三群が「フォロワー」、つまり大衆ですが、これは二つに分けることができる。

●「アーリー・マジョリティー」、初期多数者といわれる人たちで、約三四%。

●「レイト・マジョリティー」、後期多数者も、やはり三四%ぐらい。

最後の第四群は「ラガード」と呼ばれます。遅行者というほどの意味ですが、伝統主義者といったほうがいいかもしれません。これが約一六%。

たとえば、パソコンやスマートフォン、仮想通貨といった革新的な商品や新しいサービスが市場に登場したとき、それはどのようにして普及していくか?

いろんな商品やサービスを調査してみたところ、二・五%の「イノベーター」(挑戦者)が手にした時点ではさほどの動きは見られない。しかし、一三・五%を占める「アーリー・アダプター」(初期採用者)が新商品・新サービスを受け入れて、二・五%+一三・五%、すなわち全体の一六%を超える数になると……爆発的に売れる可能性が出てくるというのです。

私たちはこれまでの人生で多くの人に接してきましたが、その経験からいっても、「そうだなあ」と頷けるのではないでしょうか。A君はパソコンが出ると、すぐに飛びつき、自分でもパソコンを組み立ててしまったけれども、その時点ではまだ会社に数台しか設置されていなかった。ところがB君以下、大勢の社員が買うようになると、パソコンは爆発的に普及し、値段もどんどん安くなっていった。それでも、C君のように頑《かたく》なに手を出そうとしない人もいる……。

では、自分はどのグループに入るだろう？　D君は？　そう考えていくと、単に消費行動を分析するだけでなく、一種の人間観察術としても利用できるのではないか。

……大学院ではそんなふうに、日ごろ感じていることや持論を交えながら、院生の興味を惹くような講義を続けました。

さらば、多摩大！

結局、多摩大学には一九八九年から二〇〇一年まで、十年以上もお世話になりました。その間、野田一夫さんや中村秀一郎さんと身近に接して、じつに面白かった。本当に面白かったと思っています。

ただし大学それ自体は、多摩大新設のとき文部官僚が言っていたように〝冬の時代〟を迎えました。新設大学は増える、しかし少子化で受験生は減る。そのため、経営は容易ではなくなりました。

そこで、多摩大学でも、教授たちがそれぞれ周辺の高校へ行って「お宅の生徒さんを回していただけませんか」と要請して回るように言われます。さすがに私にはそういうことは言ってきませんでしたが、教授陣が〝学生集め〟に奔走したのは事実です。そして、それが少しは効果を発揮したこともありますが、そんな時期はアッという間に終わってしまいました。

そのため、こんな笑い話までできました。——〝学生集め〟のために周囲の高校を回ったが、ほとんどの高校に先生がいない。不思議に思って訊いたところ、高校の先生たちも〝人集め〟のために近くの中学を駆け回っていたためだった。

そこで、少しでも名前のある大学はみな付属高校、付属中学をつくるようになりました。日本大学や明治大学、東海大学などは前々から〝付属校創設〟に熱心でしたが、いまでは多摩大学も「附属聖《ひじり》ヶ丘《おか》中学・高等学校」や「目黒中学校・高等学校」を付属校としてもっています。

付属高校というのは、そのまま大学に進学できますから、あれも一種のアイデアといえます。明治大学の付属高校へ入れれば、エスカレーターで明治大学へ行けます。大学のほうも、子供不足の時代になっても〝学生集め〟に苦労しなくても済む。どの大学もそうやって持ちこたえていますが、これから先はいったいどうなるでしょう？

二〇一七年度の日本の大学数は合計でなんと七六四校に上るといいます（「旺文社教育情報センター」調べ）。一九八八年時点で四九〇校でしたから、三十年でほぼ一・六倍近くになっています。どうしてこんなに増えてしまったのか？　多摩大学新設のときに指摘したように、文部省がどんどん新設許可を出したこともありますが、一種の〝相続税逃れ〟もその遠因になっています。

不動産投資でたくさん土地を買った親が土地を息子や娘に譲りたい。しかし、そのまま譲れば、莫大な相続税がかかってしまう。そこで、相続税を免れるために大学をつくった。そして、息子や娘を大学の理事長にすればスンナリ土地を譲ることができる。そんな相続税逃れの新制大学が何百とあるため、日本の大学は雨後のタケノコのように〝繁殖〟してしまったのです。

したがって、大学は今後かなり潰れるのではないでしょうか。大学院など、半分ぐらい潰れてしまうのではないかと私は見ています。先ごろ、「日本私立学校振興・共済事業団」が発表した調査によれば、百校以上の私立大学が経営難に陥っていて、二〇二〇年あたりに破綻するであろうと見られています。

ただし、私が多摩大を辞めたのは、〝冬の時代〟を見越して、大学が傾く前に逃げ出したというわけではありません。初代および二代目学長の野田さんと中村さんが一九九五年にともに辞められ、三代目学長のグレゴリー・クラークさんも二〇〇一年にお辞めになったことが一つ。もう一つは、私自身、多摩大の「看板教授」などと言われるようになりましたので、このあたりが潮時だろうと思って身を引いたのです。

第六章

「教育革命」は焦眉の急

教育にまつわる「迷信」を排せ

教育問題のついでに、私の考えている「教育改革」にも触れておきたいと思います。それというのも、世にいう「教育改革」は学校の〝優等生〟がアタマで考え、言っているにすぎないからです。そんなものは真の改革にならないし、私にはまったく関係がありません。

まず、〝学校秀才〟の言うことは「ロジカル・シンキング」ばかりです。したがって、誰にでも教えることができるし、二度、三度と〝転売〟も利きますが、これからはそんなものでは「教育改革」などできっこない、と言っておきましょう。

第一、教育の世界にはまだまだ、昔からの「迷信」がはびこっています。それはどんな迷信かというと——、

㈠ 教育はよいものだという迷信。
㈡ 先生が教えていることは全部正しいという迷信。
㈢ 必ず本人のためになるという迷信。

す。

(四)　必ず国家社会のためになるという迷信。

(五)　教育は多ければ多いほど良いという迷信。……

まずは、そんな迷信を払拭《ふっしょく》しなければいけません。というのも、教育の歴史を振り返ってみれば分かるように、無条件で「教育はよいものだ」と断言することはできないからです。

最初に「教育権は国にある」と言ったのは、プロイセン（現ドイツ）の王フリードリヒ・ヴィルヘルム三世（在位：一七九七年～一八四〇年）でした。これは世界初の画期的な発言というべきで、彼は「親は子供を学校に差し出す義務がある」と明言したのです。いまのように国家には子供を教育する義務があるという意味ではなく、「国家には子供を教える権利があり、親には子供を差し出す義務がある」という意味でした。

この教育改革には背景がありました。

当時、飛ぶ鳥を落とす勢いだったフランスのナポレオンに対抗するために、フリードリヒ・ヴィルヘルム三世は強くて〝タダの軍隊〟が必要だと考えたのです。

この〝タダの軍隊〟というのはナポレオンの考え出した「国民皆兵」のことで、フリードリヒ・ヴィルヘルム三世もそれは当時のプロイセンにも必要だと考えたのです。そのためにも、子供のころから愛国心や団体行動を身につけさせなくてはいけない。そこで義務教育制度をつくったわけです。

もともと「教育」は親の仕事でした。自分のために子供を仕込んでいたわけです。将来、自分がラクしようと思って子供をこき使っていたといってもいいでしょう。

しかし、㈠ナポレオンに対抗するため、㈡産業革命で後れをとっていたプロイセンは英仏に追いつくために教育革命をする必要があったのです。フリードリヒ・ヴィルヘルム三世は「強いドイツ」をめざして「小学校へ子供を出せ」と命じたのです。

それを喜んだ親もいたでしょうが、ほとんどの親は「学校には出すけれど、家の手伝いもしてもらわないといけないから昼前には帰して欲しい」と言ったそうです。

じっさい、それまでのプロイセンでは、母親は女の子には料理を二百種類ぐらい覚え込ませ、実際にもつくらせ、家族みんなで食べてみて、「合格」となるまで子供に食事をつくらせていました。男の子には親の手伝いをさせたり、職業組合に加盟させたりしていました。そこで男の子は職業訓練を積んだのです。それから一度、武者修行に出て、そうしてやっと一人前とされました。そう仕込むのが親の責任でした。

そうしたことを国家ができるのか？「できるはずがないよ」というのが初めの受け取り

方でした。

では、始まったらどうなったかというと、「新興工業地帯へ移って来い」ということになりました。ドイツにも産業革命が波及して都市に工場が建つようになった。そこへ出て行かなければ仕事がない。そこで子供が出稼ぎに行くわけですが、そのとき標準語がしゃべれないと役に立たない。その標準語を学校が教えたわけです。

分かりやすくするため、パリを例に取れば、パリとその周辺は「オイル語」と呼ばれるセーヌ語でした。ところが、南の方へ行くと「オック語」という方言になる。そこで、田舎の子供はセーヌ語を覚えなければ中央のパリでは就職できない。「その標準語を学校で教えてくれるなら、子供を学校へ行かせましょう」ということになったのです。

また、工場では機械を使うわけですが、それぞれの家にはそんな機械などありません。でも、学校ではそうした機械の使い方も教えてくれる。言い換えれば、親では教えられない新しいことを学校は教えてくれた。

そういうこともあって、やがて親が学校に向かって「ぜひ、教えてやってください」と言うようになっていくわけです。授業料も取らずに教えてくれるなら、こんなにありがたいことはない……となっていきます。

これがヨーロッパにおける義務教育でした。

義務教育は「富国強兵」をめざして行われた

では、日本ではどうだったか?

巷間、明治新政府が義務教育を施行したのは最先端の西洋文明を受け入れるためだったといわれています。確かにそういう一面もありました。しかし、やはりプロイセンのように、「富国強兵」をめざす国民皆兵のために教育は不可欠だったから義務教育が行われるようになったのです。

幕藩体制から中央集権国家となった明治政府は明治六年以降、形は徐々に変化していきますが、徴兵制を敷くことになりました。そのとき、たとえば九州と東北出身者が同じ部隊に配属されれば、お互いの方言が通じないためコミュニケーションできない可能性が出てきます。また軍隊では、読み書き計算などの基礎学力、軍事行動に必要な運動能力、規律ある集団行動といった一定の基礎が整わなければ機能しない。全国から一般国民を徴兵するとなれば、どうしても国家が兵の均質化を担う必要が出てくる。そのためにも義務教育を始めなければならなかったのです。

そうして戦前の日本は日清戦争（一八九四年）を戦い、日露戦争（一九〇四年）にも勝利しました。その後のシナ事変（一九三七年〜）や大東亜戦争（一九四一年〜）も、そうした高い基礎学力と体力、忍耐強く連帯意識も強く従順という「日本兵」がほぼ無尽蔵にいたからできた戦いでした。

さて、大東亜戦争に敗れたわが国はアメリカに占領されます。するとただちにアメリカが行ったのが教育改革でした。「民主主義」「自由・平等」「平和」という教育を強制してきました。それによって悪名高い「戦後教育」が行われたわけですが、日本本来の教育は地下に潜って続いていたといっていいでしょう。日本の特徴はダイバーシティー（多様性）にあって、多種多様な価値が混在していますから、占領軍が押し付けてきた価値一色に染まることはありませんでした。主に米国からの輸入文明や輸入文化に対しても、恐るべき吸収力と抵抗力があったうえに、日本古来の文化も失われてはいませんでしたので、その成果として戦後の高度成長も実現できたのだと思います。

そうしたことを思うにつけ、二十一世紀に入ったいま、改めて教育改革が必要だと感じているのです。

「ブタのことはブタに訊け」

そこで私がまず、大事なことと指摘しておきたいのは、何ごとであれ、現場へ出かけて行き、対象と向き合う格物致知《かくぶつちち》の精神です。先ほど申し上げた「ロジカル・シンキング」だけでは絶対にダメです。相手と向き合い、全身で取り組み、手で触り、指で撫でる。そうした接し方をしないと、ユニークでオリジナリティーがある発想や説得力は出てきません。

そこで思い出すのは、ブタのハムで成功した「サイボク」（埼玉県日高市）の創業者の言葉です。もう亡くなられた笹崎龍雄さんという人ですが、いま社長を務めている息子の静雄さんに、「ブタのことはブタに訊け。大学へ行ってもブタは分からん」と言ったというのです。この言葉は現社長の静雄さんから教えてもらいました。

そのサイボクはいま大成功を収めています。ブタというと、臭いイメージがありますが、それが全然臭くない。

ホームページを見ると、こんなことが書かれています。

サイボクは1946年（昭和21年）に創業し、種豚の育種改良を中心におく牧場としてスタートしました。現在では、種豚と肉豚の生産を行う牧場、自社牧場産の原料を使ったハム・ソーセージの加工、販売部門、パン工房、レストランまでを有する〝完全一貫経営〟を特徴としています。さらに牧場から出る堆肥を有効に活用、地域の農家と提携し地場産野菜の直売も行っています。

サイボクは、保存料や着色料を使わない安全で新鮮な製品の提供を通じ、従来の流通機構の中では不可能だった流通・販売システムの確立を目指しています。また、当社の製品は、肉製品の本場、欧州の国際食品品質競技会に出品し多くの金メダルを獲得するなど、国際的にも高い評価を得ています。

じっさい、一九九七年にオランダで開かれた国際的な食肉競技会で金メダルを受賞したのを皮切りに、現在までになんと一千個近い金メダルを獲得しています。そして、二〇〇二年には、日高牧場を山梨県早川町の「南アルプス牧場」に移転して、日高市の本社は〝農業のディズニーランド〟といわれるほどの賑わいを見せています。ここ、サイボクは年間三五〇万人から四〇〇〇万人の人が訪れるというのですから、人気のほどが分かるでしょう。

＊

じつをいえば、私も自由学園の中学一年生時代にブタを飼っていました。朝早く起きると、女子部の台所へ行って残飯をもらって飼っていたのですが、ブタだってうれしいときはうれしそうにしているし、うれしそうにしているブタはたくさん食って太ることも知りました。またブタでも、好きな生徒と嫌いな生徒がいることも分かりました。やっぱり優しい生徒を好きになります。ブタはコンクリートの床の板囲いの中に放り込むわけですが、そのブタに話しかけるような生徒が好かれていました。そういうことは観察していれば、すぐ分かります。

当時、私たちはしょっちゅうブタの体重を量ってグラフを描いていました。それで分かったことは、二十貫目ぐらいになったあたりで殺すと能率的である――食べごろでもあるし、エサ代との効率もいいということを知りました。二十貫目というと、一貫目が三・七五キロですから、それに「二十」を掛けて七十五キロ。七十キロ前後になります。

ブタの種付けは前年の暮れ近く、まあ、十一月か十二月ごろ行っていました。すると、お腹の中に赤ん坊ができ、春になると見る見るうちにお腹が大きくなる。そしてブタの赤ちゃんが生まれて、秋になると二十貫ぐらいになる。そのあたりで殺すわけです。

早稲田の裏を神田川が流れていますが、その川沿いにブタ殺しをする集落がありました。そこは自由学園からも比較的近かったので、そこへブタを持って行くと、夕方、肉になって返ってきました。あるいは、ハムにしてもらったこともあります。私にはそういう一時期もあったのです。

しかし翌年、中学二年生になりますと、もう昭和十九年。戦争の真っ最中ですから、われわれ男子部の生徒も女子部の生徒も出されたものはみな自分たちで食べてしまいますので、ブタまで残飯が回らなくなり、この飼育は自然に終わってしまいました。

中学一年生のとき、そんな生活をしていましたので、「ブタのことはブタに訊け」と教えられた現社長とも話が合いました。その笹崎静雄社長が「そういうわりで、すぐに大学へ行くことができませんでした」と残念そうに言っていましたので、「いや、私の自由学園だって学校じゃありませんよ」と申し上げたことがあります。そんな話をしながら、現社長がその後、日本大学農獣医学部へ行かれたことを知りました。

それと同じようなことは「本田技研」の創業者である本田宗一郎さんも言っておられました。「大事なことは後から学校へ行って学べばいいのだ」と。じっさい、あの人は三十歳ぐらいのとき、浜松高等工業学校（現・静岡大学工学部）の聴講生になっています。「必要になったら、後で勉強すればいい。全部、最初から最後までやる必要はない」というお考えでした。

私の母の「七十点主義」と同じだといっていいでしょう。「一」から「十」まで、すべて覚え込まないといけないというものではないのです。

母からそう教えられてきた私からすると、「ブタのことはブタに訊け」というサイボクのおやじさんの心も分かるし、学歴がないと万事不便ですから「大学に行きたい」という息子さんの気持ちもよく分かります。

三田会、パブリック・スクール、自由学園

ところで、学校では何を学ぶのかというと、いわゆる知識、ロジカルなことだけではありません。たとえば慶應には幼稚舎（小学校相当）がありますが、特別な勉強をしているはずがありません。では、そこで何を学んでいるかというと、慶應の先輩との付き合い方を身につけている。タテの人間関係を身につけているのです。

じっさい、タテの人間関係が世界でいちばん濃厚な学校はどこかというと、「慶應の三田会だ」と答える人が少なくありません。三田会は日本国内の大学同窓会の中では最も早い段階に発足した組織ですから団結が強い。「帝国ホテル」内には慶應ＯＢ限定の会員制クラブ「東京三田倶楽部《クラブ》」があり、銀座七丁目にはやはりＯＢ限定のラウンジ「銀座ＢＲＢ」(Blue Red & Blue) があります。そこへ行けば、後輩は先輩におごってもらえることもある。三田会にはそうした濃厚な人間関係があります。

こんなふうに、「教育」の中身を広くとって欲しいと思います。やはり、先輩が後輩をちゃんと教え込まないといけない明治、大正時代の人たちはそうしなければ外国に負けてしまうということをちゃんと知っていたのです。その意味でも、三田会は立派なものだと思います。

この三田会については、週刊ダイヤモンド編集部編『慶應三田会～学閥の王者』(ダイヤモンド社)、田中幾太郎『慶應三田会の人脈と実力』(宝島社新書)、島田裕巳『慶應三田会』(アスキー新書) など、多くの本が書かれています。

オックスフォード大学でもケンブリッジ大学でも、三田会に似た先輩・後輩の絆《きずな》があります。欧米で、その象徴になっているのがボートだそうです。ボート漕ぎなどは昔は下層階級がやっていた仕事です。そうした下層階級や女中にやらせていた仕事を「みずからやれ！」、そしてその中で先輩・後輩の絆を培《つちか》うのだ――というのが大事な教育になっているのです。

そのオックスブリッジの下、日本でいえば中学・高校に相当する子供たちが通う私立の超エリート校を「パブリック・スクール」と呼んでいます。それは、近代に入って貴族ではないジェントルマン層が勃興する中、親の身分に関係ない学校が必要とされてできた学校です。一般（パブリック）に開かれた寄宿学校という意味で、そう呼ばれているわけですが、パブリック・スクールが超エリート校だというのは少々皮肉にも感じられます。

自由学園はそうしたパブリック・スクールの一つ「イートン・スクール」をマネした学校で、帽子もそっくりでした。そこで私はイギリスへ行った折に、パブリック・スクールを見学したことがあります。見ていると、上級生に怒鳴りまくられた下級生が学校の中を走り回っている。パブリック・スクールの教育方針は〝Be optimistic〟と〝Be brave〟の二本立てだといわれています。「楽観的であれ」「勇敢であれ」というモットーですが、けっして「知識教養を身につけろ」といわないところは大いに同感できました。

翻《ひるがえ》ってみると、私の世代の男子生徒は「美人を追いかけるな」と言われて育ってきました。

「美人を追いかけるような男は三流だ」と、子供のときから言われてきたものです。昨今の世の中は美女礼賛ですので、「へえ〜」と思われるかもしれませんが、その背景には「美人・不美人や賢・愚より、女は愛嬌、男は度胸」という価値観があったのです。パブリック・スクールの〝Be brave〟（勇敢であれ）に通じる教えです。そういう価値観があったので、日本列島の上ではみんなが幸せに暮らせました。ところが、そうした価値観は封建的だといって否定してしまったあとにきたものは何か？　容姿差別や学校差別です。

そんなことを思い返すにつけ、「男は度胸。勇敢であれ」「勉強第一ではない。しっかり友だちをつくれ」というパブリック・スクールと自由学園に共通した教えは秀れていたと思います。

その意味でも、自由学園はいい学校でした。

手も頭のうち

戦前はいまの東京・武蔵野市あたりに「中島飛行機」と、その関連工場がたくさんありました。自由学園の中学二、三年生の時代、私たちは動員されると、その中島飛行機の工場へ行って働いていました。

その動員先の〝先生〟である木下修作という人を例にとっていえば——東京帝大の工学部機械科を一番で卒業したといわれていました。そして、当時の就職人気で一番だったのが中島飛行機。三菱重工業は型にはまっているけれど、型にはまらず役に立つ人物を採用するのが中島飛行機という評判がありました。木下さんはその中島飛行機に入ったわけです。

私たちが中島飛行機へ動員されて行くと、木下さんから何と言われたか？「おまえらには設計してもらおうなどとは思わん。おまえらが大きくなったころには、この戦争が勝つか負けるか、ケリはついてしまっている。だから、おまえらは未来の戦闘機のエンジンをつくるんだ」と、発破をかけられました。

では、具体的には何をやらされたかといいますと、エンジンを組み立てて三日三晩、回すのです。それから、今度はエンジンを分解して、「排気管を指で撫でろ」と言われました。排気管のどこにどんなススが溜まっているか、指で撫でて調べるのです。燃焼状態がよければ黒いススは発生しにくく、ススは比較的クリーンな色をしている。そうやってエンジンの調子を調べる。

そんなふうに、東京帝大で一所懸命に勉強して毎日ススを撫でている人がいるかと思えば、ブタの世話をしながら「ああ、大学へ行きたい」という人もいる。教育というのは非常に幅が広いのです。

そこで手短に「教育とはなんぞや？」を考えてみれば、教育には二つの面がある。

一つは、ロジカルに思考して理屈を考えること。

もう一つは、実際に対象を指で触ってみたり、何かを組み立てたり育てたりすること。

前者の「理屈」のほうは百年ぐらい前にドイツ人やイギリス人が言ったことを学び直しているだけにすぎない。本に書いてあることを全部覚えたところで、それは知識の蓄積と整理にすぎない（私のおやじなどを見ていてもそう思います）。

したがって、指で排気管のススを撫でたり、「ブタのことはブタに訊け」と構えたりすることのほうがやっぱり大事だと思います。手も頭のうちなのです。何事も自分でやってみなければいけない。やってみて成功したケースが先ほどのサイボクです。

※

私は東大時代、写真文化会にも所属していました。多少は芸術のつもりで写真を撮り、お互いに批評して写真展にも出品したことがあります。

写真に凝るというのは、本来は勉強のジャマになる。しかし、その後何十年もたってみると、不思議なことに写真部のメンバーはみんなといっていいほど出世しています。財務省、経産省、自治省、医者、銀行員、新聞……など、分野はさまざまですが、不思議に出世している。

よく考えてみると、写真を撮るときはまず構図を考えます。前景はコレ、背景はアレという具合に全体のバランスを考える。それから、ポイントはココだ、この子の笑顔が大切だというようにディテールをつくる。

写真部の出身者は話し方も自然にそんなふうにしているのです。たとえば、経産省の友人が今年の「経済産業政策は」という話をすると構成がしっかりしています。写真部出身者はみんな話がうまい。イメージが湧くように話をする。それが出世の秘密だったのではないか。われわれは、社会に出てからも、「おまえは秀才だけど馬力が足りない。迫力がないから金賞は取れない。銅賞止まりだな」なんていうと、「まあ、仕方がないか。おれの性格だから」などと品評し合ったものでした。

世の中は賢いだけではダメなのです。人に「オヤッ」と思わせるような考えをアピールしていくことが大事です。そういうものを、われわれは写真を通じて養ってきたように思います。論理だけ、文章だけ、学問だけ……という人は出世しません。学者でも出世しません。そんな学者の友人もいますが、じっさい、彼の書いたものを読むと重箱の隅を突っついたような話ばかりで、賢いことは分かりますが、読んでいて面白くもなんともない。あいつも学生時代に写真を撮っていればなあと、残念に思います。

「飛行機王」中島知久平が思い描いた米本土爆撃機の破天荒

前節で触れた中島飛行機は中島知久平《なかじまちくへい》という人がつくった会社で、大正六年（一九一七年）の創業の辞にはこうあります。

惟《おも》に外敵に対し、皇国安定の途《みち》は富力を傾注し得ざる新兵器を基礎とする戦策発見の一つあるのみ。戦艦一隻の費《ついえ》を以ってせば、優に三千の飛行機を製作し得べく、その力遥かに戦艦に優れり。……

飛行機は戦艦一隻の費用で三千機製造できる「新兵器」だというのです。

中島知久平は後に軍需大臣や商工大臣を務めています。役所のトップまで上り詰めた人です。

その彼が社員を集めて、こんな趣旨の訓示をしたと聞いています。――「中島飛行機はいま日本でいちばん大きな工場をつくり、年産約八千機の飛行機をつくっている。第二位は三菱重工業、三位は川崎航空機と、諸君も聞いておるだろうが、この戦争に勝ってしまえばこんなに多くの飛行機は要らない。負ければ、すべて要らない。したがって勝っても負けても、いまわれわれがやっていることは要らざるものになってしまう」と。

戦時下に「勝っても負けても飛行機はやがて不要になる」と、思いもかけない訓示をする。意表を衝《つ》かれた社員たちは「こんなに偉い人がいるかと思った」と言ったという言い伝えがあります。

＊

その中島飛行機に関して、二〇一七年六月十一日付の産経新聞にこんな記事が載りました。少し長くなりますが、興味深いものなので引いておきます。

先の大戦末期、米爆撃機Ｂ29に対抗すべく中島飛行機（群馬県尾島町＝現・太田市）で設計されながら、戦況悪化で幻に終わった爆撃機「富嶽《ふがく》」。すでに見つかっているB29の1・5倍とされる大型爆撃機や、輸送機タイプなどの設計図に加え、新たに護衛用の掃射機の設計図が太田市内で発見された。中島飛行機創業者の飛行機王・中島知久平（1884年〜1949年）は、富嶽を最終兵器を意味する「Z機」と呼んで起死回生を狙っていたが、掃射機の存在によって知久平が爆撃機を軸に各種富嶽が編隊を組み、米本土を目指す構想を立てていたことが裏付けられた。

見つかった掃射機の設計図は2種類で、作製は昭和18年。いずれも胴体腹部に400挺の機銃が縦列に装備されていた。2種類は、陸軍機を造っていた中島飛行機太田製作所と海軍機を請け負っていた同小泉製作所（現・大泉町）とで異なった大きさと用途を持っており、太田製作所の設計図は同年1月に作製された。装備された武器と想定乗員13人を含めた全備重量57・5トン、速度は最大時速543キロ。護衛機以外に巨大な機体を生かし輸送機としても期待されていたとみる関係者もいる。既に米国に制海権を奪われていた日本にとって、艦船に代え新たな兵員などを送り込む上で、輸送機が不可欠だったからだ。

一方、小泉製作所の掃射機は、太田工場より3カ月遅い18年4月の設計。全備重量90

トン、乗員10人。上空1万3千メートルでの速度は最大時速800キロ、7・7ミリ機銃400挺か20ミリ機銃150挺が搭載可能。護衛専門で交戦時は機銃掃射で敵艦や敵機の力を削ぐことが想定されていた。（中略）

昭和18年1月、知久平は中島飛行機の技術者を集め「必勝防空研究会」を立ち上げ、当時としては規格外といえる以下の条件を示した。

「全長45メートル、全幅65メートル、全備重量175トン。5千馬力の発動機を6機搭載。高度1万メートルを時速680キロで航行し航続距離1万6千キロ。爆弾積載量は約20トンとし、航続距離を減らせば50トンまで運べること」……

「米本土爆撃」を狙って、中島知久平という「飛行機王」は破天荒な構想を抱いていたのです。彼はいろんな発想がモクモクと湧いてくるような経験をしていた。それが「発明の母」となって、上記のような米本土爆撃機を誕生させる一歩手前までいっていたのです。

ところが、中島飛行機に関する本はたくさん読みましたが、イマイチ面白くない。どれもこれも真面目に書きすぎるからだと思いました。

ホンダジェットの〝逆転の発想〟

尖端開発というものは自由な発想でなくては生まれません。そうした発想を養うためには幼いころからブタを飼ったり、犬を飼ったり、あるいは野山を駆け回ったりして、五感を開花させる必要があります。

一例を挙げれば、ジャンボ機のタイヤの数。あれはいくつあるかご存じですか？　全部で十六本あります。前脚は一本ですが、タイヤは二本、主脚は四本で、それぞれに四本ずつタイヤが付いていますから、計十六本です。これを合わせると、タイヤの数はじつに十八本に上ります。

中島飛行機の時代はこんなふうにムカデのようにタイヤを付けることは誰も思いつきませんでした。だから、八輪の設計図を描いていたのです。

また、いまは「ホンダジェット」が世界中で売れまくっています。二〇一七年の「超小型機部門」では、米国のあのセスナ機を抜き、納入機数で世界一となりました。七人乗りのホンダジェットの外観上の最大の特徴は主翼の上にエンジンを取り付けたユニークなスタイルにあります。ビジネス・ジェット機のエンジンは胴体に取り付けるのが普通ですが、ホンダジェットはそれを翼上面に配置したのです。これによって、これまでは胴体側に必要だったエンジンの支持構造が必要なくなったため、胴体内のスペースが三割以上も広くなりました。しかも、客室内の騒音や振動も軽減されたそうです。さらに、燃費性能も競合機より最大で二割、最高速度も一割方アップしたのが強みになっています。「空飛ぶスポーツカー」というネーミングもよかったように思います。

このように、ホンダジェットはエンジンを翼の上に載せるという〝逆転の発想〟で見事に世界を制覇しつつあります。

第七章
グローバル化の波に洗われた地球を俯瞰する

グローバリズムの罠

九〇年代は「グローバル化」がしきりに叫ばれていた時代でした。したがって、国境の壁をやすやすと越える金融がもてはやされ、アメリカではウォール街が大いに脚光を浴びました。そうした流れに対して、私はいつも警鐘を鳴らし続けましたが、「グローバル化」という大合唱にかき消され、ずいぶん苦い思いも味わいました。

グローバリズムを牽引した金融資本家というのはお金を回して利益を出すことにしか関心がありません。よい製品をつくることなどにはまったく興味がないので、世界経済はどんどん悪くなっていきました。また、金融資本家は雇用や消費などにもまったく関心を示さないため、米国の実質労働賃金はどんどん下がってゆき、その結果、アメリカはすっかり格差社会になってしまいました。

一時、〝We are the 99%〟(「われわれは九九%だ」)というデモが全米に広がったのは記憶に新しいところです。「国民の一%ほどの大富豪たちが、残り九九%のわれわれの犠牲の上で、ヨリ裕福になっている」という怒りのスローガンでした。結局のところ、こうした病める現象がドナルド・トランプ氏を大統領の座に押し上げたのです。

金融は実体経済を円滑にするものであって、金融それ自体が主役になってはいけなかったのです。

そうしたグローバル経済が世界を席巻しようとしていたとき起きたのが、米国のヘッジファンド「ロングターム・キャピタル・マネジメント」（ＬＴＣＭ）の破綻でした。一九九八年のことでした。

ＬＴＣＭは金融工学の手法を使って資金運用をしていました。流動性の高い債券がリスクに応じた価格差で取引されていないことに注目し、実力と比較して割安と判断される債券を大量に購入、逆に割高と判断される債券を空売りするやり方で、九四年の設立当初はかなりの儲けを出していました。また、個々の取引では利益が少ないため、発注量を増やし、レバレッジを効かせて利益の拡大も図っていました。

ところが、九七年にアジア通貨危機が起こると、先進国の債券を空売りし、新興国の債券を買い増していたＬＴＣＭの経営は深刻な事態に陥り、結果として破綻してしまいます。損失の合計はなんと四十六億ドルといわれました。

この破綻で注目を集めたのは、ＬＴＣＭのチームの中に二人のノーベル賞受賞者がいたことです。

一人はコンピュータ・サイエンス出身の金融経済学者で、スタンフォード大学教授のマイロン・ショールズ、もう一人は数学出身の経済学者で、ハーバード大学教授のロバート・マートンです。二人は九七年にデリバティブ（金融派生商品）の価格付け理論によってノーベル経済学賞を受けたばかりでした。

そこで、スウェーデンの「ノーベル賞委員会」では、二人に対する授賞の撤回、さらにはノーベル経済学賞それ自体の廃止を求める声さえ上がりました。

ご存じのとおり、「ノーベル経済学賞」というのは賞の創設時にはなかった部門です。この賞は「スウェーデン国立銀行」がノーベル賞という名前にあやかってつくった賞にすぎません。だから、正式にはノーベル経済学賞ではなく、「アルフレッド・ノーベル記念スウェーデン国立銀行経済学賞」といいます。

このＬＴＣＭの破綻がきっかけになったわけではなく、私は何十年も前から経済学の本をみな捨てていました。自信をもって、全部捨てた。経済学というのは屁理屈ばかりで、アカデミズムの限界を示していると見限ったからです。経済学の世界は残骸ばかりです。

だから、いま私の手元に残っているのは歴史に関する随筆とか文化人類学や考古学の本ばかりです。

リーマン・ショックとは何だったのか

ここで、グローバル化の波に呑み込まれた世界を瞥見《べっけん》しておきます。

モノではなくカネが主体の世の中になると、「おどるポンポコリン」の歌詞ではありませんが、どこからともなく「ボワッと」「インチキおじさん　登場」となるのです。

先のＬＴＣＭはその一例ですが、最たるものはサブプライム・ローンでした。

サブプライム・ローンというのは、本来の住宅ローン審査に通らない低所得者を対象にして、高金利で住宅資金を貸し付けるシステムです。アメリカの大手投資銀行「リーマン・ブラザーズ」はその債権を証券化し、それを小分けにした金融商品を世界中に売りさばいていました。米国内の住宅価格が上がっているうちは金利を上回る価値があったからよかったものの、それが下がり始めると、ローンを返済できない人たちが続出するようになりました。それにともなって、サブプライム・ローンを組み込んだ金融商品の価格も急落した。それが二〇〇八年の「リーマン・ショック」と呼ばれる金融危機の引き金となったのです。
当時、日経BP社の雑誌に「ファンドという『福袋』にだまされる日本人」と題するコラムを書きましたので、その一部を引いておきます。

ファンドはパッケージ金融商品だから「福袋」みたいなものだ。その福袋の中身にサブプライム・ローンが入っていると金利が高くなるが、それは中身が「ヤバイ」ということである。サブプライム・ローンがどんなにまずいかは、わざわざ米国に調べに行く必要はない。

日本人は真面目にローンを返すから、銀行側も個人住宅ローンは確実だと思っているが、しかし、米国人もそうだと思ったら大間違いである。それは、写真1枚見れば分かることだ。米国で一番安い住宅は「タウンハウス」といって、家が隣同士で引っ付いているような造りのものだ。家2軒で1本のパイプを共有するから、隣の家が風呂に入っていると、もう一つの家ではお湯が出ない。そういう家は米国の漫画や映画にも出てくる。そうした家はほとんどが貸家になっている。

そうではなくて、「デタッチドハウス」という家がサブプライム・ローンで問題となった。それは、見た目は「タウンハウス」のように引っ付いていない。だから借金してでも買っておけば、いずれ値上がりします」と、米国の金融機関は積極的に融資した。しかし「デタッチドハウス」は、わずか50センチメートルくらいしか隣と間が空いていない。そして「タウンハウス」と同じように、パイプは共有である。

米国の銀行はそんな家を金融商品に仕立てて、同じ失敗を何度も繰り返してきた。「この家は値上がりするから、あなたの月給で返せなくてもいいのです」などと宣伝した。購入者がローンを返せなくなったら、売り払ってどこかへ行ってしまえばいい。銀行は情け容赦なく強制執行して、その家を没収してしまう。銀行は最初から安全だし、購入者は売り払ってしまえばなんとかなる、という融資なのである。

だから、住宅の値上がりが止まると、何もかもガラガラと崩れてしまうのだ。それが昨年(二〇〇八年)に起こった。そんなことになるのは、だいたい1年前から分かる。「住宅の値上がりがストップしたな」ということに気づけば、あとは、いつ崩れるかは心理学の領域の話で、もはや経済学とは言い難い。

グリーンスパン【注・当時の「米連邦準備制度理事会」議長】は金融緩和政策の一本槍で心理学の世界を泳いでいた。

∴

日本の銀行は「米国はとても進んだ、新しい金融技術を持っているから大丈夫だ」と考えている。その「米国の金融技術」とは、貸し付けたペーパーを他のいろいろなものと混ぜて「福袋」にして、「まとめて1億円で買いませんか」と日本人などに売りつけることである。

日本の銀行の担当者はサラリーマンで、米国に行ったことも住宅産業の勉強をしたこともない。上司の了解を取ればそれでいいという担当者ばかりだから、「みんなが買っていますす」と言われればすぐに買ってしまう。銀行は、集まってくる預金をどこかで運用しなければいけない。だから、例えばファンドで500億円というような形でまとめて買う。そうすると一度に片付けることができるから、仕事が減るのだ。きちんと調べたわけではないが、少なくとも昔はそうだったから、おそらく今も同じだろうと思う。

そんな取り引きをしていると、例えばみずほ銀行が1700億円というように、大損害になってしまう。そんなものは「デタッチドハウス」の写真を1枚見れば分かる。要するに、米国の「進んだ新金融技術」とは、バカをひっかける方法である。かつて「デリバティブ」でも同じようなことが行われた。

金融の自由化やグローバル化を推進した人たちは「日本人よ、リスクマネーを扱え」と「自己責任」の二つを説いていたのが思い出される。「レバレッジを利かせて、うまくいくと元金の10倍もうかる」とか何とかも言っていた。ところが日本の銀行には、何がレバレッジだか分かる重役はさっぱりいない。「デリバティブ」なんて、日本人に分からないようにつくったのだから。サブプライム・ローンもそれと同じことである。

日本人はアメリカと取り引きするとき、表面だけ見て実質を見ない傾向があります。無意識のうちに「アメリカ人だって、そんな悪いことはしないだろう」と考えているからです。そのせいで根こそぎもっていかれてしまう。いいかげんに目を覚まさなくてはいけません。

「インチキおじさん」だらけの国は凋落する

リーマン・ショックを機に、アメリカ経済は混乱のうちに叩き込まれました。企業の体力が弱まり、経済成長率も低くなった。そこで、どうしたら米国経済の立ち直りを実現できるか、政府首脳が大学教授やシンクタンクに聞いて回ったところ、返ってきた答えは「学校教育の充実」でした。

アメリカでは高卒と大卒の生涯賃金が大きく違います。そこで米国民は借金をしてでも大学へ行こうとします。しかし、それでも日本ほどの進学率には達しません。そこでどうしたかというと、性懲りもなく、今度は「学資ローン」をつくったのです。

ただし、銀行としてはローンの返済を確実なものにしないといけない。そこで政府に働きかけ、「学資ローンについては最優先で返済させること」という法律を成立させてしまいました。つまり、学資ローンを借りて大学を出た学生が就職したら、給料の中からその返済額を差し引くことができるということにした。それによって、学資ローンを組んだアメリカの大学生は、就職すると給料の中から返済分を天引きされることになってしまいました。「ローンを組んで大学に入りました。卒業もできました。めでたく就職もすることができました。ところが、給料の手取りは雀の涙ほど……」という事態が生じてしまったのです。

事情は大学院に進学しても変わりません。就職難もあって、多くの大学生が大学院へ進んだ時期があります。銀行はそうした大学院生にも奨学ローンを貸し出していましたが、大学の教員数には限りがありますから、大学院を出ても職がない。「ポスト・ドクター」という名の〝失業者〟を大量に生み出すことになりました。

そうだとすれば、この学資ローンや奨学ローンも以前のサブプライム・ローンと同じように破綻するだろうことは目に見えています。

そんな惨状を目にして、日本人もやっと目が覚めました。かつては「アメリカの金融は進んでいる。アメリカの金融商品は素晴らしい」と持ち上げていた人たちもリーマン・ショックや学資ローンの行き詰まりを見て、いまでは「アメリカの金融商品って悪徳商品じゃないの？」と酷評するようになりました。

どうやらアメリカは「インチキおじさん」だらけの国になってしまったようです。

＊

米国内にはハーバード大学やスタンフォード大学といったハイレベルの大学があり、「グーグル」や「アップル」といった世界的な企業もありますので、アメリカのすべてがダメだというわけではありません。しかし、人種差別や治安の悪化（二〇一七年十月にはラスベガスの銃乱射事件で五十八人が犠牲となり、一八年二月のフロリダの高校の銃乱射事件では十七人が亡くなっています）、さらに貧困や極端な格差といった問題が大きく影を落としていることも、また事実です。

そうした点からすると、アメリカは今後ますます「鎖国」状態を強めていき、移民も受け入れなくなることでしょう。さらにいえば、国際的な役割を放棄して、国内には「自由と民主主義」というスローガンの残骸だけが残る〝過去の国〟になっていくように思えてきます。

各州の分裂はさらに加速し、白人と黒人、ヒスパニックと黒人の人種対立ももっと深刻化していくでしょう。そうなれば、白人の中でも貧しい「プア・ホワイト」と呼ばれる人たちは怒りの矛先を他の人種に向けていくに違いありません。

先進国であり、世界第一位の経済大国であるはずのアメリカがこうした状態にあるというのは、世界全体にとっても非常に深刻な問題だといわなければなりません。「アメリカ・ファースト」を叫ぶトランプ大統領にしても、就任して一年以上の時間が経過しながら、これといった成果は上がっていません。不透明感は増す一方です。

「ドナルド・トランプ」という男

そのアメリカに君臨する「ドナルド・トランプ」とはいかなる男か、それを瞥見しておくのも無駄ではないでしょう。

私はもちろんトランプ氏と口をきいたことはありませんが、しばしばニューヨークに行ったり来たりしていた長銀時代、彼もグイグイのし上ってきたところでしたから、噂ではよくその名を耳にしました。しかし、「これは面白そうなやつだ。一丁、こいつから儲けを引き出してやれ」と考え、彼と付き合ったという日本人バンカーは寡聞《かぶん》にして知りません。

トランプ氏がのし上ってきたころ、日本の銀行の海外支店が彼に融資したり投資したりしていれば、いまごろ面白い話がいっぱい飛び出しているはずです。ところが、そんな話は少しも聞かない。ということは、彼のようなどこか怪し気な男には接触しなかったわけです。それでは大儲けはできません。

私は、ひょっとするとトランプ氏が大統領になりそうだと直観したとき、彼に関するアメリカの本をガラクタ本に至るまで集めましたが、そうした〝トランプ本〟によれば、彼は五人兄弟《きょうだい》姉妹の三番目の子として不動産開発業者の家に生まれています。

トランプ政権の内幕を描いた全米のベストセラー、マイケル・ウォルフの『炎と怒り』

（早川書房）によれば、彼の父親フレッドは非常に強引で頑固な人物だったようです。父親は――、

子どもたちを上から抑えつけて支配した。そのやり方は徹底しており、子どもたちはその要求の厳しさにもかかわらず、父親に心服するようになった。（中略）こうした事態は行き着くところまで行った。好戦的で非妥協的、無慈悲で道徳観念の欠如した男が辛抱強い子どもをつくり上げ、子どもたちは追い立てられるように父親の承認を得ようとする。……

もっとも、『トランプ自伝』（ちくま文庫）では、自分は家の外では自己主張が強い攻撃的な子供で、近所ではガキ大将だったと語っています。そのせいか、十三歳のとき、父親の手で、軍隊式の私立学校「ニューヨーク・ミリタリー・アカデミー」の八年生に編入させられています。

軍隊式訓練が私のためになると思ったのだ。私はあまり気が進まなかったが、やがて

父の考えが正しかったことがわかった。私は（中略）最上級学年までここで過ごし、その間に規律を身につけ、自分の攻撃性を建設的に使うことを学んだ。

この学校はハドソン川の沿岸に位置する全寮制の男子校です。広い敷地内には軍キャンプもあり、映画監督のフランシス・コッポラ氏など、多くの卒業生を輩出してきましたが、昨今は入学生が激減し、二〇一五年三月に破産を宣告されて百二十六年の歴史に幕を閉じたそうです。

このミリタリー・アカデミー時代を回想して、『トランプ自伝』は次のように書いています。

教官の中で特に私に強い影響を与えたのはセオドア・ドバイアスだ。彼は元海兵隊の教練軍曹で、非常に頑強で荒っぽかった。（中略）彼はだれにも口答えをさせなかった。まして、恵まれた家庭に育った子供たちが生意気な返事をすることなど、絶対に許さなかった。統制を乱すような行動をとる者を、ドバイアスは殴りつけた。それも力一杯殴るのだ。（中略）

強い男にありがちだが、ドバイアスは相手が弱いとみると、高飛車に出る傾向があった。一方、こちらも強いが彼を攻撃するつもりはないことがわかると、対等な男として扱ってくれた。そのことに気づいて以来――意識的に考えたというより、直観的にわかったのだが――私たちはとてもうまくいった。

トランプ氏はミリタリー・アカデミーで、「絶対服従の精神」を徹底的に叩き込まれたのです。「立ってろ！」と言われれば、立っていなければならない。そのときは目玉を動かしてもいけない。あるいは「グラウンド、一周！」と命じられれば、必死になって走らなければならない。そういうイヤガラセやイジメが軍隊式の学校にはあって、それがまたアメリカの教育でもあるのです。

そういうことを分かっている日本人や日本人記者がいるでしょうか？

そんなミリタリー・アカデミーで五年間をすごした後、トランプ氏はニューヨークのブロンクス地区にあるファーダム大学に進み、さらにペンシルヴェニア大学の大学院「ウォートン・スクール」に進学しています。

こうした経歴を見て、私が「大事だな」と思うのはやはり、トランプ氏には「絶対服従」を強制された五年間があることです。そこから想像するに、安倍さんではないけれど、彼のふところに飛び込んでしまえば、仲よくなるのは案外簡単なのではないかと思います。

もっとも、先ほどの『炎と怒り』を読むと、トランプ氏はかなりの〝お天気屋〟のようですから、同じ手法がいつもうまくいくとは限りません。

バノン【注・一時は側近中の側近だった大統領首席戦略官および上級顧問。後に辞任】はトランプを、ごく単純な構造の機械にたとえた。スイッチがオンのときはお世辞だらけ、オフのときは中傷だらけ。卑屈で歯の浮くようなお世辞があふれるように口から出てくる――何々は最高だった、驚くべきことだ、文句のつけようがない、歴史に残る、等々。一方の中傷は怒りと不満と恨みに満ち、拒絶や疎外を感じさせる。

トランプの行動原理は近くにいる人々にとってはチャンスでもあった。彼を理解し、その習慣や反射的な対応をよく観察すれば（中略）、彼をうまく操作し、動かすことができるのだから。とはいえ、たとえ今日うまく操縦できたとしても、明日も引き続き同じ方向に彼を動かすことができるかどうか。その困難さは、誰もが認めるところだった。

いろんな駆け引きのある不動産の世界で上り詰めてきた人だけに、一筋縄ではいかない一面があるのでしょう。

＊

そのトランプ氏が突然、これまで「ロケットマン」とバカにしてきた北朝鮮の金正恩氏の要請を受け、この六月十二日にシンガポール米朝首脳会談を行うことを決めたのは三月上旬のことでした。歴代の米大統領が〝煮え湯〟を飲まされてきたことは百も承知の上での決心ですから、この先は何とも分かりかねます。

しかし、あの北朝鮮が「金体制の保証」と引き換えに、「核の放棄」に踏み切るとはにわかには信じられません。

下手をすれば、「予測不能」と評されるトランプ氏の〝気まぐれ〟から、「アメリカ本土に届く大陸間弾道ミサイル（ＩＣＢＭ）は放棄するが、日本が射程に入るノドン等の短・中距離ミサイルはその限りにあらず」などという、日本を置き去りにした「米朝合意」がなされてしまう恐れもあります。しかも、拉致被害者はそのまま放り置かれて……。

そんな事態を避けるためにも、安倍首相は、米朝首脳会談が行われる前の四月中に訪米することを決めました。欧米では「猛獣使い」と呼ばれている安倍首相には、渾身の力を揮《ふる》って「ドナルド・トランプ」という〝猛獣〟とのつきあい方を考えていただきたいと願わずにはいられません。

「習近平専制」に走る中国も波乱含みだ

アメリカよりも弱体化が顕著なのはユーロ圏諸国です。そもそも、EU（欧州連合）は日本やアメリカに対抗するためにヨーロッパ諸国が団結したマーケット共同体ですが、財政規律がない国に対して「規律」を求める手段を用意していなかったところに問題がありました。

第二次世界大戦後、日本がアメリカと肩を並べるまでの経済大国に急成長すると、ヨーロッパ市場は霞んでしまいました。そこで、「市場統合さえすれば世界三大マーケットの一角をなせるはずだ」と、スケール・メリットだけを考え、とにかく加盟国家を増やしたのが間違いでした。いまや、ギリシャやイタリア、ポルトガルなどが財政破綻寸前で喘《あえ》いでいます。そこで、「カネのある国に支援して欲しい」という悲鳴が上がったわけですが、域内で唯一その力のあるドイツはそれを拒んでいるし、イギリスなどはＥＵそれ自体から離脱してしまいました。このままではユーロは行き詰まるでしょう。

ＥＵ域内で解決できないとなれば、次はＩＭＦ（国際通貨基金）に頼るしかありません。ところが、最大出資国のアメリカには資金を出す余裕がない。そこで次に頼みとするのは日本と中国ということになります。もっとも、中国に頼み込めば必ずや見返りを要求してくるでしょうから、ＥＵとしてはひそかに日本を当てにしているのではないでしょうか。

＊

その中国もかなり波乱含みです。

二〇一六年に中国の歴代指導者の中でも別格を意味する「核心」に位置付けられた国家主席の習近平氏は、今年の三月、今度は国家主席および副主席の任期を撤廃しました。これまで憲法には「国家主席・副主席の任期は一期五年で、連続二期は超えられない」という規定がありましたが、その条項を削って、二期目が終わる二〇二三年以降も続投できるようにしました。彼は「長期専制政治」を敷くべく着々と布石を打っています。

ここで、習氏の異例ずくめの足跡を整理しておきましょう。

●二〇一二年十一月＝共産党総書記、党中央軍事委員会主席に就任。
●一三年三月＝国家主席に就任。
●一四年七月＝「政治局常務委員経験者は摘発しない」というそれまでの不文律を無視して、党中央政治局常務委員だった周永康氏を汚職で摘発（無期懲役）。
●一六年十月＝みずからを党の「核心」に位置付けた。
●一七年十月＝党大会で、腹心の蔡奇《さいき》・北京市党委員会書記を〝三段跳び〟で政治局員に抜擢。
●同右＝みずからの名を冠《かん》した「思想」を党規約に明記。
●一八年三月＝国家主席・副主席の任期を撤廃。

こうした習氏のやりたい放題を見て、一八年三月三日付の英エコノミスト誌はついに「中国を見誤った西側諸国」と題する記事を載せました。

ソ連崩壊後、西側諸国はそれに次ぐ規模の共産主義国だった中国を世界経済に迎え入れた。西側の指導者は、中国を世界貿易機関（ＷＴＯ）などの機構に参画させれば、第２次大戦後に成立した規則に基づくシステムで縛れると考えた。経済統合で市場経済へ

の転換が促され、国民は豊かになるにつれ民主主義的な自由や権利、法の支配を渇望するようになると期待した。（中略）

だが、その幻想は砕け散った。現実には彼【注・習近平氏】は政治と経済において抑圧と国家統制、対立を進めていった。（中略）

習氏の権力欲が致命的な不安定をもたらす可能性はある。台湾をいずれ奪回することで栄光を得ようとするかもしれない。中国が国家主席の任期を限定したのは、毛沢東の独裁が招いた混乱と犯罪を繰り返さないためだったことを思い出してほしい。こうなるはずではなかったが、西側の中国に対する賭けは、強力でありながら脆弱な専制政治に行きついてしまった。

習氏の専制政治が加速度を増しているところから、次は毛沢東だけが名乗っていた「党主席」を復活させるのではないかという観測もあります。毛沢東のような独裁を抑えるために鄧小平《とうしようへい》が敷いた集団指導制は完全に息の根を止められました。習氏は「毛沢東の時代へ、毛沢東の時代へ」と、歴史を逆行させているのです。そのため、復古的な〝習・路線〟を揶揄《やゆ》する動画が中国で大量に拡散しています。いろんな人が入れ代わり立ち代わり、

「バック、バック」とはやし立てながら車をバックさせる動画です。〝赤い中国〟にもウィットに富んだ皮肉屋がいるのです。

習氏は「太子党《たいしとう》」（中国共産党の高級幹部の子弟グループ）ですから、共産党の中では少数派です。そこで、圧倒的多数を占める「共青団」（中国共産主義青年団の出身者グループ）の力をできるだけ削《そ》ごうとしています。軍の人事権を握って、ライバルたちをガードしている軍司令官を異動させて警備を手薄にしたり、「腐敗摘発」の名目で共青団の大物を拘束したり、自分の周りを習一派で固めつつあるのです。

しかし、中国は古来、だまし合いの国です。習氏と共青団の〝暗闘〟が最終的にどちらに転ぶか、その行方はまったく読めません。

習氏の中国は、尖閣諸島をめぐっては日本と対立し、南沙諸島の人工島に関してはフィリピンを筆頭とする周辺諸国とのトラブルを抱えています。そうした「外患」に加え、二〇一五年には天津で大爆発事故を起こしたり、一七年暮れには北京市内の低所得層の住宅を強制撤去して数万人が家を追われたため、抗議デモが発生したという「内憂」もあります。政府および習氏に恨みを抱いている国民も少なくありません。

したがって、ひとたび中国経済が変調をきたし悪化するようなことがあれば、共青団を中心とした反対派が勢いづく可能性は十分あります。

そこで、習近平自身、身の危険を感じてガードを固めているという情報もあります。

二〇一八年一月十四日付の夕刊フジには「習近平氏　9回目の暗殺未遂にショックを受け一時入院か」という記事が載りました。


中国の習近平国家主席が年の瀬の差し迫った昨年12月下旬、人民大会堂での会議が終わった駐車場で専用車両に乗ろうとした際、爆発物が破裂。習氏は腹痛を起こし、そのまま北京市内の中国人民解放軍直属の「中国人民解放軍総医院（略称「301病院」）に緊急搬送されていたことが分かった。


この記事によれば、人民大会堂に仕掛けられた爆発物は軍が使用している爆薬で、人民大会堂には一般人は立ち入りできないところから、軍幹部の関与が疑われています。習氏を狙った暗殺未遂事件はこれまでに、少なくとも八回発生していると伝えられていますから、おちおち眠れないのではないでしょうか。

台湾出身の評論家・黄文雄《こうぶんゆう》氏は、自身の有料メルマガ「黄文雄の『日本人に教えたい本当の歴史、中国・韓国の真実』」の三月六日号で、習氏の「国家主席・副主席の任期撤廃」の理由について、次のような穿《うが》った見方をしています。

習近平は敵を作りすぎましたから、5年後に退任すると命すら狙われる可能性があるでしょう。今回、王岐山が国家副主席に就任する見通しですが、王岐山は反腐敗運動を主導してきましたから、引退するわけにはいかなかったのです。（中略）

習近平と王岐山は死ぬまで国家主席、国家副主席を続けるのではないでしょうか。途中で権力の座から下りることは、報復を受けることになります。反腐敗運動を押し進めてきた2人が、今度は腐敗容疑で逮捕される可能性があるわけです。それを避けるためにも2人で権力の座に居続けるしかない。

このように中国には「陰の部分」ないし「不安定要因」があちこちに散見されます。だから、多くの日本企業が大陸から逃げ出しているし、中国人自身、金持ちは母国を捨ててアメリカに渡っているのです。

＊

最後に、いかにも中国を象徴するような話をご紹介しておきましょう。

「粛」という漢字は、心を引き締めて慎むという意味です。「清」という文字が清らかなことを意味しているのは説明するまでもありません。それにもかかわらず、この二文字を重ねて「粛清」とすると、厳しく取り締まって不正な者を排除することを意味するようになります。組織から追放して抹殺してしまうこと、といったほうが分かりやすいかもしれません。

また、「洗」という漢字にしても、モノを水できれいにするというのが原義ですが、中国人は「洗回」という言葉をつくって、イスラム教徒を全滅させる意味に使っています。じっさい、漢民族は十九世紀から現在に至るまでイスラム教（回教）の教徒を大量虐殺してきています。シナ版の民族浄化を表現するために「洗回」という言葉を生み出したのです。

反対派がいなくなれば世の中はスッキリすると考えているから、「粛清」や「洗回」といった言葉が生まれます。習氏が王岐山氏を使って徹底的に推進した「腐敗摘発」も、反腐敗というモラリスティックな動機に発しているのではなく、反対派がいなくなればスッキリするという「粛清」にも似たモチーフから行われているように見えます。

困った隣人・南北コリア人について

ついでに、〝困った隣人〟韓国についても触れておきます。

私は「Voice」の二〇一七年十月号に「韓国『徴用工』問題、霞が関の怠慢」と題する論考を寄せましたので、その一部を再録しておきます。


韓国の文在寅大統領は8月15日、日本の朝鮮半島統治からの解放72年に当たる「光復節」の式典で演説し、「（戦前の）強制動員の苦痛は続いている」と徴用工などの問題に言及したうえで、今後南北関係が改善すれば、「南北共同で被害規模の実態調査を検討する」と述べた。式典には元慰安婦の女性が初めて招かれ、慰安婦と徴用工問題について文氏は、「歴史問題にケジメをつけたときに両国間の信頼がより深まる」「日本の指導者の勇気のある姿勢が必要だ」などと日本側に責任を押し付けた。

これに先立つ12日には、首都ソウルと仁川に民間の反日団体による「徴用工像」が設置された。日本大使館前への設置計画もあるという。本誌前号で触れた反日映画『軍艦島』も封切られた。北朝鮮の核脅威に直面する朝鮮半島状態の緊張を考えれば、政官民挙げて〝反日ゲーム〟に興じるかのような韓国人の姿は異様としか言いようがない。

元徴用工や元挺身隊員らの個人請求権の問題は、昭和40（1965）年の日韓請求権協定に「完全かつ最終的に解決されたこととなることを確認する」とあるように、日韓両政府間で解決済みである。協定には「議事録」が付いており、これには「日韓会談において韓国側から提出された『韓国の対日請求権要綱』の範囲に属するすべての請求が含まれており、したがって、同対日請求権に関しては、いかなる主張もなしえないこととなることが確認された」と念押しされている。

日韓請求権協定の交渉時は、実際に戦前の日本の朝鮮半島統治の実情を知る世代が日韓の大半を占めていた。その後の世代が「後付けの知識」で否定できるようなものではない。日本は同協定によって韓国に5億ドルの経済協力（無償供与3億ドル、政府借款2億ドル）を実施し、民間も約3億ドルを拠出して戦後の韓国の発展を援助した。当時、日本の外貨準備高が18億ドルであったことを考えれば、これはたいへんな額だった。

当時の朴正熙政権は、この資金を農業の近代化や浦項製鉄所建設をはじめとする企業の育成、科学技術開発などに投入した。結果として1966～75年の10年間に韓国は

「漢江《ハンガン》の奇跡」と呼ばれる経済成長を果たすことにつながった。日本が供与した資金の使途は、韓国政府の自由裁量だった。戦前の補償を何も受けていないという韓国人がいても、それは配分した韓国政府の問題であって日本の責任ではない。

平成17（2005）年、当時の盧武鉉政権は日韓請求権協定をめぐる外交文書を公開し、「韓日会談文書公開の後続対策に関する民官共同委員会」なる組織を設け、日本側が拠出した無償供与3億ドルに個人の補償問題の解決金が含まれるという見解を明らかにした。つまり、徴用工問題は請求権協定で解決済みである、と彼ら自身が再表明していたのである。日本側に新たに賠償を要求するのは困難との結論に達した盧武鉉政権は、国内法を制定して支援を行なうことにした。文氏はこの問題を担当する首席秘書官として作業に加わっていたはずである。それを忘れたのか。（傍点著者）

南北コリアの人たちがいかに油断ならないかは、私たちの世代はイヤというほど見せつけられてきました。

上野や大阪に南北コリアの人がたくさん住んでいるのは、彼らが終戦直後に不動産の〝即時取得〟をしたからです。日本が空襲で焼け野原になると、街のあちこちに父母の疎開先を記した看板が立っていました。息子たちが戦地から帰ってきたとき、居場所が分かるようにという配慮からでした。ところが、看板が立っていない土地もありました。そうした土地は「一家全滅」の徴《しるし》だといって、南北コリア人や中国人がそこに家を建てたり、店を出したりして住み着いてしまったのです。

戦争が終わって秩序が崩壊したときは、「自分のものは自分のもの、他人のものも自分のもの」とばかりに平気で破廉恥なことをした人が、結局は儲けました。そして、「われわれは日本人ではなく連合国民である」とまで言ったものでした。中国本土でも大地震があると同じことがありましたから内外無差別とも言えます（＝唐山大地震）。

しかも、白昼堂々、勝手に土地を囲い込んで「ここはおれの土地だ」と主張されると、日本の裁判に訴えても無駄でした。というのも、法律は「不動産に泥棒はない」ということを前提にしていたからです。それが改められることになったのは、有名な「大阪駅前訴訟」がキッカケでした。

大阪駅前訴訟というのは——昭和二十七年十二月、大阪駅前の土地に一夜にしてバラックが六十軒も出現しました。そこは「引揚援護局」という公共施設の跡地でしたが、引き揚げも一段落して援護局が閉鎖されると、南北コリア人や中国人が勝手に掘っ立て小屋を建ててしまったのです。そこで、そこの地主であり、後に「ドケチ社長」としても知られる吉本晴彦さんは弁護士と相談したうえで、ブルドーザーを使ってバラックをすべて潰しました。すると、南北コリア人や中国人に訴えられ、吉本さんは建造物損壊罪容疑で逮捕されてしまったのです。民事訴訟では勝訴しましたが、刑事裁判では一審で懲役四か月・執行猶予二年という有罪判決を受けています。不法占拠に対する法律の不備が露呈した判決でしたが、上告審では「無罪」が言い渡され、昭和三十五年、やっと他人の土地に勝手に建物は建てることはできないという「不動産侵奪罪」が施行されることになったのです。

土地をめぐるこうした不条理はその後も続きました。

たとえば、一九九五年に阪神・淡路大震災が起こるかなり前、神戸市は「地震や火事の際に危険なので入り組んだ街を整理します」という通知を出しました。ところが、戦後すぐのころから土地を不法占拠していた人は土地を調査されると困るから、その計画に強く反対した。その結果、消防車も入れないような細い道がそのまま放置され、大震災にともなう火災で焼死者が多く出てしまったのです。

こうしたことは国税庁も市役所も市民も分かっていることでした。

「分かっているが手をつけられなかった」ことが全国各地にたくさんあります。これから少しずつ、その正常化が進むと期待しています。

国民よ目を覚ませ、マスコミよ元気を出して真実を報道せよ、と国民は思っています。その声に応えて書く人も少しずつ出てきました。

「21世紀型の経済共栄圏」をつくろう！

さて、今後、日本はどうふるまうべきでしょう？

私は「21世紀型の経済共栄圏」の創設を提唱したいと考えています。

第三章で、「日本のおかげでアジアの諸国はすべて独立した。日本というお母さんは難産して母体を損なったが、生まれた子供はすくすく育っている」というタイのククリット・プラモート元首相の言葉を紹介しましたが、中国と南北コリアという例外を除けば、アジア諸国の人たちは日本に感謝しています。インドやインドネシア、ベトナム、ミャンマー……などの新興国は日本のおかげで独立を勝ち取ったから、日本を尊敬しているといってもいいでしょう。ここに戦前からの王国であるタイや親日国である台湾を加え、経済を基盤とした「共栄圏」をつくるのです。

普通の見方では、日本は中韓両国の問題に足を引っ張られているから、世界の舞台で発言したり、アジア経済を牽引したりしていくようなムードは醸成されていないと思われるかもしれません。が、しかし、実際はそんなことはありません。

げんに、安倍首相は「地球儀外交」と称して世界中を回って、世界に向かって発信しています。これまでは「沈黙の国」と思われていた日本がしゃべり始めたから、サミットなどで、世界の首脳たちもシーンとして安倍さんの言葉に耳を傾けています。二〇一五年四月には、日本の首相としては初めて米国の上下両院合同会議でスピーチをして、何度もスタンディング・オベーションを受けています。「ただ拍手されただけじゃないか」と、素っ気ない反応を示す人も見受けますが、日本の首相が米国議会で堂々と「世界的理念」を開陳したことは画期的な出来事というべきです。

中国の傍若無人のふるまいに眉をひそめているアジアの新興国は、そんな日本が「経済共栄圏」の旗振りをして、秀れた日本文化および日本精神のディフージョン（普及活動）を進めていけば、必ずや賛同してくれることでしょう。日本が通ってきた欧米化の経験は売り物になります。また、中級品の生産技術もどんどん教え込んでいくことです。現地の人たちにモノをつくらせ、現地で売る。日本は技術指導料やブランド料をしっかりと受け取ればいいでしょう。かつて松下幸之助さんは家電製品を水道水のごとく廉価に普及させるという「水道哲学」を説きましたが、アジアの国々にはまだそうした水道哲学を広める余地が十分あるのです。

そうした活動を進めていけば、あるいは南米の国々もこの「経済共栄圏」に加盟したがるかもしれません。入会者が多くなったら、「日本クラブ」をつくればいい。世界における日本の発言力はさらに高まっていきます。高めることが急務になっていると心ある日本人は思っていますが、それは古い日本の復活を望む古い考えだという人もいます……本当にそんな人がいるとは往時を知る日本人にはいないと思いますが、その声を押し潰すように古い日本の悪事をこれでもかと言い立てる国や団体がまだあります。そこに資金を供給したり、そこから対日工作金をもらったり、日本国の周辺は各種の工作がウズをまいています。

これに対抗する日本からの発信は誰の責任でしょうか。国民は国内では一人多足で投票したり、マスコミを買ったり買わなかったりで自分の意見を表明していますが、もう一歩の前進がありません。アメリカであれば、小学校でも中学校でも〝大統領に手紙を書きましょう〟になるのですが、今は〝インターネットで発信しましょう〟になるのでしょうか。

第八章
「新しい日本人」の時代が来る

日本列島の成り立ちは『古事記』の記述とピッタリ符合する

私はひそかに日本列島の成り立ちは『古事記』の記述そのままだと考えています。言い換えれば、『古事記』には日本の古代の〝真実〟が書かれていると信じています。

いわゆる「国生みの神話」は次のように書かれています。ちょっとくだけていますが、分かりやすいので三浦佑之《みうらすけゆき》氏の『口語訳・古事記』（文春文庫）で読んでみましょう。

天《あま》つ神の、もろもろの神がみのお言葉での、イザナキ、イザナミのお二方《ふたかた》に向こうて、「この漂っている地《くに》を、修めまとめ固めなされ」と仰せられ、アメノヌボコをお授けになり、ことを委《ゆだ》ねられたのじゃ。

そこで、お二方は天《あめ》の浮橋にお立ちになり、そのヌボコをズッと下に向けて指しおろしての、流れ漂うておる海と泥との混じる塩を、コヲロコヲロと掻《か》き回し掻き鳴らして引き上げなさる、その時に、ヌボコの先からしたたり落ちた塩が、累《かさ》なり積もりに積もって島になったのじゃ。これがほれ、オノゴロ島じゃ。

そのオノゴロ島に天下ったイザナキとイザナミが日本列島を生んでいきます。最初に生まれたのはヒルコだったので、これは葦の舟に入れて流し、次に淡島を生んだけれども、これも子供のうちには入れない。なぜ不出来な子が生まれたのかというと、「ミトノマグハヒ」(性交)をするに当たって、女であるイザナミのほうが先に声をかけたからだという話はご存じのとおりです。

そこで今度は男のイザナキのほうから誘いの声をかけ、淡路島、四国、隠岐の島、九州、壱岐の島、対馬《つしま》、佐渡、そして「オホヤマトトヨアキヅの島」つまり本州を生む。ここには最後のほうになって最も素晴らしいものが生まれるという発想があります。さらに児島半島(岡山県の半島)、小豆島、大島(山口県にある島)、姫島(大分県にある島)、五島列島、男女《だんじょ》群島《ぐんとう》(長崎県の群島)という具合に日本列島を生んでいったと書かれています。

それを読むと、「なるほどな」と思います。日本列島の成立は『古事記』のこうした記述とピッタリ符合するからです。

二、三万年前の地球は氷河期でした。松木武彦氏の『列島創世記』(小学館「日本の歴史」一)によれば――、三万年前を過ぎると、旧石器時代を通じて進んできた気候の寒冷化は、約二万年前のどん底に向かってますますひどくなっていく。海水は北極と南極とに厚く凍りつき、日本列島付近の海面は、最終的には一〇〇メートルほども下がったようだ。瀬戸内海は完全に陸地化し、日本海も、今よりずっとせばまった津軽、対馬の二海峡だけで外海とつながる内海となった。

日本列島はアジア大陸と陸続きだったのです。そこで、多くの動物がいまの列島へやって来ました。その中にはマンモスやナウマン象などもいました。「タイムマシンもないのに、どうしてそんなことが分かるのか？」と言われるかもしれませんが、日本列島の地層の中から日本には本来いるはずのないマンモスやナウマン象などの化石が発見されているからです。そして、そうした動物を追いかけて、いまのロシアや中国のほうから男たちや女たちがやって来た。そんな彼らと、現在の列島のあたりに住み着いていた人たちが混血したのがわれわれ日本人の「ご先祖さま」です。

氷河期のどん底だった二万年前を過ぎると、平均気温が高くなって海面が上昇します。

海面は百メートルから百二十メートルぐらい上がったといわれています。海がどんどん広がり、陸地が水没しますから、次から次へと島ができた。そうした現象が、淡路島ができ、四国ができ、隠岐の島ができ、九州ができ、本州ができ……という『古事記』の記述とピッタリ符合するのです。

豊葦原の瑞穂国はこうしてできた

日本列島は山が縦につながっています。山の両側は川と湖でした。その湖の水が干上がったところが広大な平野になっています。

縄文時代から弥生時代にかけて湖が干上がっていくわけですが、自然にそうなるだけでなく、「水抜き」をする人びとがいました。それは一種の職業集団で、たとえば奈良盆地のあたりを見回して、「ここの水を抜けば大変肥沃な平野ができる。では、どの方向へ抜けばいいか」といって測量をする。測量をしないまでも、丘の上から眺めれば分かります。そうして水を抜いたので、「うまし国ぞ、大和の国は……」という平野ができました。または沼地で、それが豊葦原《とよあしはら》です。

葦原はもともとは草原で肥料たっぷりの土地ですから、そこにコメの種をまけば、働かなくても食える。そこで「豊葦原の瑞穂国《みずほのくに》」ができました。

濃尾平野や関東平野なども同じです。水を抜くと広大な沃野ができますので、農業が飛躍的に発展します。

重要なのは泥です。泥は資源です。農地に転化するための巨大な資源ですから、それがどんどん広がってくれたら、こんなにありがたいことはない。そうした事情はナイル川を抱えたエジプトもそうであったし、チグリス・ユーフラテス川流域のメソポタミアも同じでした。

そうした目で眺めると、中国の今後はいささか危うい。黄河流域はもう泥がないといわれているからです。黄土はあるが水がないから、中国の終わりは近いのではないか……。

黄河は夏になると断流します。黄河の河口から済南市を越えてもっと川上まで流れがありません。もうじき地下水もなくなる……。それを見に行ってみて絶句しました。中国人だって見れば分かることなのに……南水北送のスローガンだけなのか、または歴史をさかのぼって北京は捨て、長江のほうに新首都をつくる気か……。それはともかく、日本ではそうした平野に人口が集中して都市ができています。日本中の大都市や県庁所在地はほとんどみんな川沿いにあります。列車が川を渡ってしばらくすると、大きな町、大都市に出る。そこはとても賑やかだ。それが日本の風景です。

建築学で知られる上田篤《うえだあつし》という京都精華大学名誉教授の説を紹介すると、日本の都市は海や川の水上交通で栄えた海洋都市の性格をもっていると指摘されます。

(一) 山や森は漁民や航海者たちにとって目印や命綱となっていたことから「神」として祭られるようになった。

(二) 魚をナマで食べるのは世界中でも日本くらいである。

(三) 日本は中国や朝鮮から多くの文明を学んだが、木造建築だけは手放すことがなく、執着し続けてきた。

(四) 川による木材輸送の便が大きかったから。……

上田名誉教授は、当たり前すぎて、みんなが気づいていないことに気づかせてくれるすごい人です。

『古事記』が明かす「征服王朝」の真実

余談になりますが、『古事記』には私の姓「日下」が出てきます。

ここは三浦・口語訳ではなく、倉野憲司校注の『古事記』（岩波文庫）を引いておきましょう。その「序」には、「姓《うぢ》におきて日下《にちげ》を玖沙訶《くさか》と謂《い》ひ……」とあります。編者の太安《おおのやす》万侶《まろ》はわざわざ「日下」の読み方まで記しておいてくれました。

「くさか」という呼び名は『日本書紀』の「神武紀」の戊午年《つちのえうまのとし》の三月および四月の条にも「草香邑《くさかのむら》」「草香之津《くさかのつ》」などと書かれています。「日下」と「草香」、漢字は異なりますが、いずれも「くさか」です。それ以上のことは分かりません。

さて、『古事記』には「国譲りの神話」が記されています。ここは先の三浦・口語訳で飛び飛びに読んでおきましょう。

ある時、高天《たかま》の原を治めるアマテラスが、

「豊葦原《とよあしはら》の千秋《ちあき》の長五百秋《ながいほあき》の水穂《みずほ》の国は、わが御子《みこ》マサカツアカツカチハヤヒアメノオシホミミの統《す》べ治める国でありますぞ」と、こう言葉をお寄せになっての、（中略）

高天の原にい並ぶ神がみに尋ねて言うた。

「このたびは、いずれの神を遣《つか》わせばよかろうぞ」との。（中略）

それで、アマテラスは、アメノトリフネをタケミカヅチに副《そ》えての、葦原の中つ国を

言向《ことむ》けるための（中略）使いとして送り出したのじゃった。（中略）
タケミカヅチは、（中略）オホクニヌシに向こうて呼びかけたのじゃった。
「アマテラスの大御神《おおみかみ》とタカギの神との仰せにより、問いに遣わせなさったものである。なんじが己れのものとしている葦原の中つ国は、わが御子の統べ治めなさる国であるぞとのお言葉である。そこで尋ねるが、なんじの心はいかがか」
するとオホクニヌシは、
「われは申し上げることができません。わが跡《あと》を継いだわが子ヤヘコトシロヌシ、こやつがお答えいたすでしょう。……」（中略）
それを聞くとタケミカヅチは、（中略）ヤヘコトシロヌシを召し連れてきての、改めて訪ねたところ、コトシロヌシが、わが父の大神に向こうて語り申すことには、
「恐れ多いことです。この国は、天つ神の御子に奉りましょう」と、（以下略）
ところが、コトシロヌシの弟で、怪力で鳴らしたタケミナカタは「国譲り」を承知しない。それどころか、タケミカヅチに力比べを挑んできた。タケミカヅチがそのタケミナカタを手もなく捻《ひね》ると、タケミナカタは現在の長野県の諏訪湖のほうまで逃げ落ち、それを追っ

て来たタケミカヅチに命乞いをして、いまも諏訪神社に祀《まつ》られていると語られています。オオクニヌシも「国を譲る代わりに出雲に大きな神社（出雲大社）を建てて欲しい」と言ったという有名な話が続き、いよいよアマテラスの命を受けた皇孫のニニギノミコトが高天の原から豊葦原の瑞穂国に降りて来る。これが「天孫降臨《てんそんこうりん》の神話」です。そこのところをちょっと読んでおきます。

ニニギは高天の原の御座所《みましどころ》から立ち上がると、天《あめ》にかかる八重のたなびき雲を押し分けて、力づよく足を踏み分け踏み分けしての、天の浮橋に到り着き、しっかりとお立ちになると、そこからひと息に、筑紫の日向《ひむか》の高千穂に高々と聳《そび》える嶺《みね》に天降《あも》りなされたのじゃった。

『古事記』には日本の古代の〝真実〟が書かれているという私の立場からすると、この「国譲りの神話」および「天孫降臨の神話」から読み取れるのは——氷河期が終わってでき上がった本州以下の日本の島々にはわれわれ日本人の「ご先祖さま」が住んでいましたが、それとは異なる民族が攻め込んできたということです。その数はほんの二、三百人程度ではなかったかと見る学者もいます。それが「天孫族」であり、また「鉄器族」で秀れた鉄器を持っていて、われわれ日本人の「ご先祖さま」たちの武器とは殺傷力が格段に違ったから、わずか二、三百人でも列島を征服できたと考えられます。

しかも、彼らは何回もこの列島にやって来たと見られています。第一回の天孫族たちがたとえば出雲に入ったとすれば、二回目の天孫族たちは次に奈良の三輪山あたりに住み着いた……というふうに考えられます。そして、われわれ日本人の「ご先祖さま」たちは『古事記』に描かれたタケミナカタのように遥か諏訪湖のほうへ追い払われたのかもしれません。

その意味では、日本の歴史は征服王朝の歴史だということができます。ただし、「征服王朝」といっても別に驚いたり嘆いたりする必要はありません。ヨーロッパの王族もみな征服王朝です。

わが国の天皇家は「世界最古」であり、現時点で一二五代も続いています。二〇一九年には、現在の皇太子殿下が第一二六代目の新しい天皇として即位されることになります。もともとは征服王朝であったとしても、これほどの〝長寿〟を誇る王朝は世界のどこを見渡してもありません。

ところで、征服された原日本人はどうなったのでしょうか。『日本書紀』や『古事記』だけに頼る「文献歴史学」は、このへんで終わりになります。小学校五年生だった私の日本史探究は、このへんで一休みとします。

天皇の「祈り」が支える日本のビッグシステム

天皇の主たる務めは祭祀です。西洋的にいうならば、天皇は「祭祀王《プリースト・キング》」ということになります。じっさい、天皇陛下の主要な祭祀は元旦の四方拝《しほうはい》に始まり、春秋の皇霊祭、新嘗祭《にいなめさい》などを経て、国民のためのお祓いの行事である大祓《おおはらい》まで、じつに年間二十四回を数えます。

とりわけ重要なのは、元旦の早朝、天皇が宮中三殿の西側にある神嘉殿《しんかでん》の南側の庭に設けられた仮屋《かりや》の中に入り、伊勢神宮の皇大神宮《こうたいじんぐう》と豊受大神宮《とようけだいじんぐう》の両宮に向かって礼拝した後、四方の諸神祇《しょじんぎ》を拝する四方拝です。この儀式は平安時代の初期に始まったとされますが、ここで注目すべきは天皇が国の安寧と国民の平安のためにお祈りすることです。明治以降は廃止されたともいわれる呪文の中では、「この世で起こるさまざまな困難は必ずわが身を通してください。すべて自分の身が引き受けますから、国民を守ってください」と、天照大神以下の神々にお祈りします。

祭祀王・天皇の祈りに包まれているせいか、日本が「世界一安全な国」であることは誰もが認めています。その一端はビッグシステムの信用度にも表われています。

ビッグシステムというのは文字どおり大きなシステムのことで、いちばん大きなものはいうまでもなく国家です。その次に大きいのが軍隊、日本でいえば自衛隊などの防衛システム。その他、政治、裁判所、警察、税務署、医療、教育、金融などがビッグシステムといわれています。

アメリカ人が各国別に調査したところによれば、国家から金融に至るほとんどのビッグシステムが信頼されている国は世界中で日本だけだといいます。

＊

アメリカでは、軍隊だけは国民から信頼されていますが、その他のビッグシステムは信用度が低いようです。

アメリカの場合は、州ごとに軍隊があり、連邦も軍隊を持っています。連邦の軍隊は議会に帰属していて上院議員百人がそれを掌握しているため、陸軍士官学校や海軍兵学校に入るには議員の推薦が必要です。したがって、アメリカの士官にはみな、共和党や民主党の〝色〟がついているという欠点もあるようですが、国民の間で、その信頼度はとても高いといわれます。

その点、アメリカの政治システムは総取り替えができるシステムですから、国民のほうも「何かまずいことが起こったら、取り替えればいいだろう」と思っています。そのため、信用度はあまり高くない。ただし、取り替えることができるので、不満のはけ口にはなっています。

さらにいえば、ＦＢＩ（連邦捜査局）や税務署もそれほど信用されていないといわれています。

もう一つ特徴的なのは、アメリカには文部科学省のような役所がなく、教育は各州に任されているため、公教育がビッグシステムには含まれないことです。公立の学校のレベルが低いため、お金のある家庭はみな子供たちを私立の学校へ行かせます。

ついでに中国についても触れておけば、あの国で信頼されているのは現金、株、党だけです。その他には信用すべきものが何もない。しかも、株式市場はよく乱高下して不安定だし、党にしてもいつ倒れるか分からないため、本当に信用できるのはカネだけだということになります。

中国は、共産主義体制は残っているのに、社会保障がほとんどないという問題も抱えています。将来への備えは個人で行うしかなく、それが国内の消費活動を活発化しにくくしている……。

いずれにしろ、アメリカでも、中国でも、ほとんどのビッグシステムが信頼性を欠いているため、国民が頼りにしているのは自分のおカネだけです。その点でも、アメリカと中国は非常によく似ている。

こうして見てくると、日本のようにほとんどのビッグシステムが信頼されているというのはじつに稀有なことであると同時に、素晴らしいことなのです。

日本の子供たちの「リテラシー」を高めたマンガとアニメ

こんな話を聞いたことがあります。

――アメリカ国務省の高官が日本政府に要求を突き付けるため、出張することになった。すると、子供が「お父さん、また外国へ行くの?」と訊く。「ウン、今度は日本だ」と答えると、その子が「いいなあ。ぼくも行きたい。日本はピカチュウの国だから。お土産忘れないでね。ピカチュウのぬいぐるみが欲しいな。行ってらっしゃい！」と、送り出したという。

父親はこれから〝ジャパン・バッシング〟に出かけるというのに、子供のほうは「ピカチュウの国」日本に心底憧れている。日本に対し、親子でまったく異なる思いを抱いている。こうした事実はアメリカだけでなく、世界中で見られるようです。

「マンガ」「アニメ」と聞くと、すぐバカにする人がいます。しかし、それは間違い。いま、日本のマンガ、アニメは世界中を席捲しています。その影響力はかつてのハリウッド映画を思わせます。いや、それ以上、といってもいいかもしれません。

現在の日本の若者たちは子供のころからマンガやアニメで鍛えられているため、想定力がじつに豊かです。だから、二流の大学に行ったり、中退したりして、あまり学校の勉強をしてこなかった若者たちを軽んじるのは間違いです。なんとなれば、アニメやマンガを満喫してきた若者には雑学があり、想定力も鍛えられているからです。

思考力や読解力を磨くためには、いろいろな情報や雑学、噂話や身近な人の体験話が必要です。そうした〝下地〟が足りない人は、読んだ新聞記事やテレビでしゃべっている学者たちの話にコロッとだまされてしまう。自分なりの考え方の土台をつくるには、経済学の本や新聞を読むより、ラーメン屋や酒場で客の会話に耳を傾けるとか、親戚や知人の実話のエピソードを集めるほうがずっと効果があります。雑学・雑情報を数多く集めていると、あるときそれらがギュッと結び付いて、いま起きている出来事の本当の流れが見えてくるようになるのです。

そんな〝下地〟のことを「リテラシー」と呼びます。「読解力」です。世の中の出来事は――、

㈠ 写真や映像など、視覚的な情報である「ピクチャー」。
㈡ 政治や文化や事件などを動かしている人物たちの「キャラクター」。
㈢ 起こったことに関する解釈を含めた「ストーリー」。

この三点が重要な構成要素となっています。

そして、それがマンガやアニメの構成要素でもあることにお気づきでしょう。しかも、マンガやアニメにはそれ以外の要素も入っています。

㈣ 話を面白くするため、ハプニングが連続する。主人公たちはそれにどう対応しているか？

(五) 人生でも宇宙でも、宗教でも歴史でも、文化でも何でも結合して、森羅万象を扱っている。

若者たちはマンガやアニメを通じて虚構の現実に付き合い続けているのです。吹き出しの文章やナレーションでロジカル・シンキングを鍛える一方、絵やアニメの動きを通じて直感力を養っていると言い換えてもいい。ここにあえてインターネットやSNS（ソーシャル・ネットワーキング・サービス）を使った〝プレゼン力〟を加えれば、「両刀使い」ならぬ「三刀遣い」ということになります。

このように、日本人は子供のころからマンガをふんだんに読み、アニメを浴びるほど見てきていますから、リテラシーが非常に高い。映像や物語に関するリテラシーは外国人よりずっと発達していると断言しても過言ではありません。

もちろん、欧米の子供たちだってコミックやアニメに接しています。ところが、欧米のコミックは大半が四コマであったり、一話完結の勧善懲悪モノであったりしますから、日本のマンガのように練り込まれたストーリーをもっていません。

また、人間は神と動物の間の尊い存在であると考えるキリスト教文化圏では、いかにアニメであろうとも、人間にずっこけた役を割り振るのは好ましくないと考える人や団体が反発するので、主人公はたいていがネコやネズミといった動物です。面白いアニメをつくろうとすると、どうしても〝動物園もの〟になってしまいます。その点、日本のアニメでは悪ガキが跳梁跋扈したり、主人公が年をとったり、苦難に立ち向かったり……実人生そのもののストーリーが展開されます。だから、欧米の子供たちは日本のマンガやアニメに飛びつくのです。

私の見るところ、唯一、昔と比べて低くなったように思えて心配なのはヒアリング・リテラシー（聞く力）です。昔は子供がだいたい二歳になるころから、お母さんが昔話や童話を読み聞かせました。それが子供のヒアリング・リテラシーを育てました。話を耳で聞く体験は、映像を見るよりも不完全ですから、足りない部分はイマジネーションで補いました。耳で聞いた情景を頭に思い浮かべる。それがひらめきを養う元にもなりました。また、お母さんが話を読み聞かせる間、子供は自分が母親を独占してサービスを受けていることに深い満足を覚えたものです。

そうした要素が欠けているのではないかというのが、私がただ一つ憂慮している問題です。

マンガとアニメが世界に発信する「日本の心」

もう一点、指摘しておく必要があるのは、日本のマンガやアニメには日本の心、日本の精神が入っているということです。たとえば、「ONE PIECE」(尾田栄一郎)という少年マンガには「仲よく暮らそう」というメッセージが込められています。

このマンガは世界のマンガ、アニメの記録をすべて塗り替えました。それくらい世界中の子供たちに強い影響を与えた作品ですが、その中で繰り返されているストーリーはただ一つ。それは「戦った後は仲直りする」というメッセージです。お互いに戦い、相手を倒すけれど、戦いが済んだ後は仲直りする。それによって新しい友だちが一人できて、ストーリーは終わります。いつもそういう展開になっています。

こうした発想は日本人なら誰でもできます。大人でも子供でも思い付くでしょう。

ところが、長い間、植民地主義に蝕まれてきた欧米諸国の人たちはそうはいかない。常に相手を出し抜こうとしてきた歴史がありますから、「戦った後は仲直り」という発想などまったくありません。戦いに勝てば「とことん絞り取ってやれ!」と考えます。

その点、日本のマンガやアニメで育ってきた子供たちは欧米人といえども柔軟です。だから、「ONE PIECE」も受け入れられたのです。げんに、このマンガは描いても描いても注文が途絶えることなく、今年（二〇一八年）の三月で、なんと八十八巻を数えるまでの大長篇に成長しています。国内における発行部数は総計なんと三億六千万部。断トツの人気を誇っています。

ゲームの「ポケットモンスター」から発展したアニメ「ポケモン」の〝哲学〟も同じです。物語の結末を見ると、みんなで話し合うことによって敵同士でも分かり合うようになります。そして許し合って、涙を流す……というストーリーが目立ちます。日本流の寛容の精神が底流となっているのです。

スタジオ・ジブリにはそれができませんでした。宮崎駿《みやざきはやお》監督が作家・堀田善衛《ほったよしえ》氏の強い影響下にある左翼系の人だからか、その作品はいつも教条主義的です。ジブリ作品の映像は美しくにぎやかですが、メッセージは「環境問題」とか「自然との共生」など、どれもこれもお説教調で、ありきたりなものばかりです。だから、次第に先細りになっています――かどうか。

私が思うに、日本人の心の底には「和を以て貴しとなす」という聖徳太子の精神が流れています。それゆえ、「ONE PIECE」や「ポケモン」のように、敵もまた仲間になって、めでたし、めでたしで終わります。欧米のような弱肉強食の心ではなく、共存共栄の心であり、思いやりの心であり、おもてなしの心です。そうした日本人の精神は論理や理屈に基づくものではありません。まさに「心」としか呼べないものなのです。

日本は「超先進国」である

日本では宗教と政治、あるいは宗教と社会生活が分離しています。これは日本の大きな特徴の一つです。宗教が倫理や道徳にあまり入り込んでいないため、人びとの心には自由があります。たいていの日本人はそんなことは当然だと思っているから、ふだんは考えもしないでしょうが、じつはこれはなかなかすごいことなのです。欧米の社会がいまなおイスラム勢力のテロを怖れているのも宗教と政治、宗教と社会生活が分離されていないからです。

しかし、長い目で見れば、世界は「価値の多元化」や「相互承認化」へ進んでいくことでしょう。そんなことは日本では当たり前ですが、諸外国はいまそれを始めているところです。したがって、あと百年はかかるに違いありません。だから私は繰り返し、世界より日本のほうが百年進んでいる、日本は「超先進国」である、と主張してきたのです。

日本はまず、経済を追求しました。世界中の国々はいまそれを追い求めているわけですが、日本はすでにその先の段階に入っています。金銭の追求よりも、「もっと広いところに住みたい。広いところで遊びたい」という〝空間消費〟や「スケジュールなしでのんびり暮らしたい」という〝時間消費〟を求めるようになっています。お金よりも心の幸せを大事にしています。

たとえば、「GDPの成長率がプラスでなければ国民は不幸だ」という考え方がありますが、それはいまの日本には通用しません。確かに、日本人の労働時間は年々減少していますす。それでも成長率が横ばいであれば、労働時間の減った分だけ、経済成長していることになります。言い換えれば、日本人はお金ではなく、時間で成果を受け取っているのです。デフレも円高も経済成長の内、ということになります。そう考えれば、日本はいまなお世界最高の成長国であるといえるはずです。

中国では、ある境地に達すると人間は仙人になります。仙人の「仙」という字は人偏《にんべん》に「山」と書きます。そこからも分かるように、人は一とおりのことが済んだら、いろいろな欲を捨て、山へ入って霞を食って生きる。そして死ぬときがくれば死ぬ。それが仙人です。

その反対が俗人です。「俗」という字は人偏に「谷」と書きますから、仙人と違って谷に住む。山と山にはさまれた昼なお暗い低地で、あくせく働かなければならない。日本人はもうそういう段階を通り過ぎました。

日本人の心にはいくつもの美点があります。礼儀正しいし、弱者をいたわる。他人に迷惑をかけない。他人の悪口は言わない。謙虚にする。自分の功を誇らない。何をするときでも精根を尽くす……。あまり神懸《かみが》かったことを言わず、プラグマティズムに徹しています。

＊

そうした日本人の長所がいかんなく発揮されたのが「神仏習合《しんぶつしゅうごう》」説だったと思います。

神仏習合は「本地垂迹《ほんじすいじゃく》」とも呼ばれますが、簡単に説明すれば――聖地インドの仏は遍《あまね》く世界を照らし、世の衆生《しゅじょう》を救ってくださるが、仏本来の姿でもってこの地に現われるわけではない。仏はそれぞれの国柄《くにがら》に応じて姿を変える。わが国では在来宗教である神道《しんとう》の本体、すなわち神の姿をとって現われると考えます。かくして――、

●伊勢神宮の本地は大日如来。
●熊野三山の本地は阿弥陀仏。
●石清水八幡宮《いわしみずはちまんぐう》の本地は観自在菩薩。……

といった具合にされました。

この神仏習合のどこが凄いかといったら、「神」と「仏」を一緒にすることによって、古くからあった神道と新しく入ってきた仏教の対立をうまく回避したことです。しかも、「世界宗教」である仏教の仏さまたちと同格とされたわけですから、日本人が古くから祀り、わが身の安全、わが国の安泰を祈ってきた土着神の地位もグンと上がりました。

ヨーロッパに吹き荒れた宗教戦争はこの日本列島ではまったく起こりませんでした。宗教をめぐって血が流れることはなかったし、誰も死ぬことがなかった。したがって、政治に支障をきたすこともありませんでした。

これぞ日本民族の知恵、究極のプラグマティズム、と呼ぶべきです。

それにしても、いったい誰がこんなアイデアを思い付いたのでしょう？　学者が束になってもこの発案者は探り当てられていません。ただし、僧侶でなかったことだけは確実です。彼らは自分たちの仏教を「高等宗教」と思っていましたので、こんな手の込んだ細工をする必要はなかったからです。すると、仏教が渡来した後、その仏教に押され気味になった神官たちの「暗黙知」のようなものが、この〝知的サーカス〟の生みの親ではなかったか……と、私は想像しています。

「災後派の新しい日本人」に期待する

二〇一一年三月十一日に起きた東日本大震災に関して、私は『「超先進国」日本が世界を導く』（ＰＨＰ研究所）の中でこう書きました。

東日本大震災という未曾有の災害は、日本人が自らを見つめ直す契機となった。さまざまな立場の日本人の〝地金〟があぶり出され、庶民は、高位高官や権威者の情けない言動を見せられたのと同時に、多くの無名の日本人の見事な振る舞いを知った。それが日本人の覚醒を促している。既存の権威が各方面で失墜し、政治家や官僚、大企業経営者、ニュースを解説する学者、経済見通しを語るエコノミストなどなど、みな当てにならない。（中略）東日本大震災によって、戦後の日本にはびこった空虚な理想主義は瓦解しはじめ、もともと日本人が持っていた歴史に根ざした現実主義と、庶民の「暗黙知」が自らを助けるものだということが明らかになってきたのである。

文中の「もともと日本人が持っていた歴史に根ざした現実主義と、庶民の『暗黙知』」に目覚めた人びとを、私は「新しい日本人」と名づけました。大震災の前と後では、日本人の心や暮らしぶりに変化が起きていると感じたからです。その意識や心の変化は、昭和二十年の敗戦を境にした「戦前派」と「戦後派」と同じように、三・一一を境にして「災前派」と「災後派」に分けていいます。

それがよく表われているのは、自衛隊に対する姿勢です。民主党政権下で、自衛隊を「暴力装置」と呼んだ仙谷由人《せんごくよしと》官房長官に代表されるように、「反・自衛隊」ないし「嫌・自衛隊」を売りにしてきた政治家の多くはいまだに自らの不明を恥じているように見えませんが、あの大震災のとき、自衛隊員が命懸けで活躍し、原発事故の暴走を食い止め、多くの国民を救う雄姿を見た国民のほうはすっかり意識が変わり、自衛隊を見る目も変わりました。

すると、テレビの報道の仕方も一変しました。

かつて、湾岸戦争（一九九〇年）の終戦処理として海上自衛隊の掃海艇がペルシャ湾に派遣されたとき、出航の様子を伝えるテレビは、任務の無事達成を祈る多くの見送りの人びとではなく、「派遣反対」を叫ぶ少数の市民運動家たちを大映しにしていました。彼らの理想主義や正義面《せいぎづら》が、さも国民の意思の大勢だといわんばかりでした。ところが、大震災以降は被災者たちが手にした「自衛隊ありがとう」という横断幕などとともに自衛隊員を映すようになりました。

テレビだけではありません。新聞の取り上げ方も、それまでのような意図的な悪意は少なくなったように思います。

被災した人たちから見れば自衛隊は暴力装置などではない。明らかにその反対で、治安を維持し、安全を保つ部隊です。被災者たちが心の底から、「自衛隊はありがたい」と思っているので、新聞もそうした気持ちに逆らえなくなったのです。

そうした流れを受け、新聞記者やテレビマンの意識が自衛隊の本来任務である「国防」の理解と敬意にまで高まれば、大震災によってマスメディアが変わったことになります。

二〇一六年四月に起きた熊本地震でも、自衛隊は即座に陸海空部隊を派遣し、約二万人体制で救援活動を展開しました。こうした自衛隊の活動に「ありがとう」と、率直に頭を垂れるのが「災後派」の人びと、すなわち「新しい日本人」です。

「災後派の新しい日本人」は空疎な理想主義や正義には走りません。彼らには日本を「わが国」と思う一体感があります。日本という共同体の価値観を尊び、歴史や伝統文化に対して謙虚であるとともに、同胞の絆も大切にします。だからといって、愛国主義、軍国主義、国粋主義、保守反動……といったレッテルを貼られるような単純な「戦前派」ではありません。

一つの潮流としていえば、空想的平和主義を唱え、国家を呪詛《じゅそ》してきた「戦後派」が「災前派」になり、日本の国家や伝統を重んじた「戦前派」が「災後派」になります。じつに意味深い逆転現象が起きています。

戦前との歴史の連続性に気づき、それを大切にしようとする人びとが、戦後七十年余の戦後レジームから脱却しようとする「新しい日本人」なのです。

＊

私は、あの大震災のとき、一人のお年寄りがつぶやいた言葉を忘れることができません。こう言ったのです。――「津波は百年に一度くらい来るらしいが、どうせ来るものなら、来たのが私のときでよかった。孫の時代では孫たちが可哀そうだ……」と。

この言葉こそ、「災後派」となった「戦前派」の思いを代表しています。

あとがき

この本で書きたかったことの一つは〝日本とは何か〟である。

昔からたくさんの人がそう考えていろいろ書き残しているが、〝ともかく一言でいえば……〟と要約したがる人がいる反面、「〽人生いろいろ……」と考える人もいる。

踊るポンポコリンの歌は〝何でもかんでもみんな……〟と始まるから多様性の存在を喜んでいるようでもあるが、「〽エジソンは偉い人、そんなこと常識」と続くから常識化した考えは否定しているようでもある。

そこでかどうか、この歌が流行したあとにはすぐ続いて「〽人生いろいろ、男だっていろいろ」と続くから、そうか日本は何でもアリなのか、と感心していると、インチキおじさんがボワーッと現れるからその飛躍にまた振り回される。

どうやら日本は奥が深くて、欧米的な合理主義以上の考えが特に女性にはあるらしい。

第二には、それに迫るものとして純日本的な思考とはどんなものか、も書きたい——と欲ばっているとすぐに紙数が足りなくなった。

第三は、日本らしさが残っているのはどこか、で、今度は自分の知識や教養が不足した。

第四は、日本語の不足も感じた。だが、それは日本語にないことを私が言いたがっているのかもしれなかった。

たとえば、室町時代に日本語と日本式生活が急に豊かになり多様化したと言われるが、それを表すのにこんな話がある。

〝風が吹くまま気が向くままにどこへでも参る〟という人が現れて、扇子一本を持って都大路を歩く。ある人が〝風なきときは？〟と問いかけると、扇子を広げて〝自分で吹かせて参る〟と答えたとは立派なものである。行雲流水だけではない積極的な日本人が出現したのである。

自分で吹かせて参るという日本人は今に続いているが、これまではあまりよい名前では呼ばれなかった。風来坊とかヒマ人とか無責任男とかだが、植木等の無責任男はなかなかの大活躍をしたもので、そのあとには高度成長がやってきた。今はその谷間かもしれない。

アベノミクスはどこへゆくかと心配されているが、そのうち行雲流水と言いながら凪は自分で吹かせて参る日本になると思う。世界の国々はそれぞれに問題を抱えているが、日本だけは国内に問題がないからである。あるとするマスコミのほうがおかしい。

では、日本人はこれからどんな新しいことをするのだろうか。〝少女の感性に学ぶ〟では、もう古いかもしれない。しかし、オリンピックなどスポーツの世界での女性の活躍を見れば誰でも〝ソダネ〟になる。

日本には欧米的な自由はなくても、日本ならではの自由がある。特に女性には。となると、日本の男は時には日本離れをしなくてはいけない。そうすれば日本が見える。そうすれば〝自分〟を発揮できるようになる。日本もその時は新しくなれる。

日下公人

二〇一八年九月

日下公人（くさか・きみんど）

1930年、兵庫県生まれ。三谷産業株式会社監査役。日本ラッド株式会社監査役。東京大学経済学部卒業。日本長期信用銀行取締役、(社)ソフト化経済センター理事長を経て東京財団会長を務める。ソフト化・サービス化の時代をいち早く予見し、日本経済の名ナビゲーターとして活躍。未来予測の正確なことに定評がある。『日本人への遺言』『日本人への遺言 PARTⅡ「和の国」のかたち』(共に渡部昇一氏との共著)『日本人への遺言 最終章「反核」愚問』『いよいよ、日本の時代がやってきた！』他多数。

人生80年の総括 「発想」の極意

2018年10月31日 初版発行

著 者 日下公人
発行者 岩崎 旭
発 行 株式会社李白社
〒167-0042 東京都杉並区西荻北 1-8-27-202
電話 03-6666-0486 FAX 03-6666-0487
URL http://www.rihakusha.co.jp
発 売 株式会社徳間書店
〒141-8202 東京都品川区上大崎3-1-1 目黒セントラルスクエア
電話／販売 048-451-5960
振替 00140-0-44392

印刷・製本／半七写真印刷工業株式会社

ISBN978-4-19-864711-7 Printed in Japan
乱丁・落丁本はお取り替えいたします。

● 好評既刊

日本人への遺言

渡部昇一
日下公人……著

私たちは命あるかぎり言い続ける

移民問題・核・反原発・ユネスコ南京事件・従軍慰安婦の解決策……etc

定価　本体1300円＋税
ISBN978-4-19-864111-5

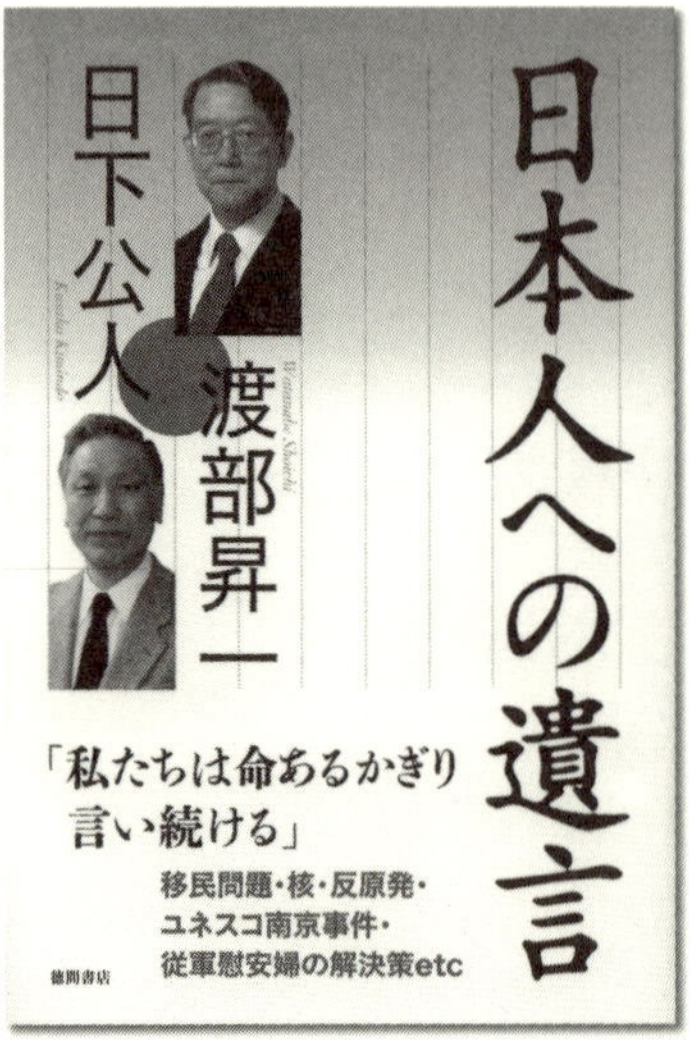

【本書の内容】

第一章　「断言する!!　従軍慰安婦など存在しない」
第二章　お人好し日本人が目覚めたナショナリズム
第三章　国の安全はこうして守れ！
第四章　消費税を一〇パーセントにしたら
　　　　アベノミクスは潰れる！
第五章　日本国憲法は無効だ
第六章　これからは「直感」の時代になる
第七章　われわれは提言する